2023

북한인권에 대한 국민인식조사

2023. 11. 27.

북한인권정보센터 NKDB database center for north korean human rights.

NK ㈜엔케이소셜리서치
SR NK Social Research

2023 북한인권에 대한 국민인식 조사

| 발행일 | 2023년 11월 27일
| 발행처 | (사)북한인권정보센터
| 주   소 | (03175) 서울시 종로구 경희궁길 14 신영빌딩 3층
| 문   의 | 02)723-6045
| F A X | 02)723-6046
| E-mail | nkdbi@hanmail.net
| 제   작 | (사)북한인권정보센터(www.nkdb.org)

ISBN 979-11-90000-40-6

목 차

제 1 장. 조사 개요
1. 조사 목적 및 필요성 ·· 7
2. 응답자 특성 ··· 9

제 2 장. 결과 요약 ·· 13

제 3 장. 조사 결과
1. 북한인권에 대한 관심도 ·· 23
2. 북한인권 심각성에 대한 인식 ·· 27
3. 북한인권 개선 여부 ··· 28
4. 북한인권 개선 가능성 ··· 29
5. 북한 난민 대규모 발생시 우리 정부가 취해야 할 대응책 ········· 31
6. 북한인권 관련 이슈에 대한 인지도 ···································· 33
7. 통일부 북한인권기록센터 운영 성과 만족도 ····················· 56
8. 법무부 북한인권기록보존소 운영 성과 만족도 ················· 58
9. 북한인권 피해 조사기록 진행 주체 적절성 ······················· 60
10. 북한인권박물관 건립 및 운영 주체 적절성 ····················· 62
11. 북한인권 개입 여부에 대한 입장 ······································ 64
12. 북한인권법의 북한인권 개선 효과에 대한 입장 ············· 66
13. 북한인권 개선을 위해 우선적으로 해야 할 사항 ··········· 67
14. 북한인권 개선을 위해 북한인권 단체가 우선적으로 해야 할 역할 ········· 69
15. 북한인권 개선을 위한 북한인권 단체 활동의 필요성[종합] ······················ 71
16. 북한인권 단체 활동의 북한인권 개선 도움 여부 ··········· 81
17. 북한인권 개선을 위해 노력해야 할 집단 ························ 83
18. 한국 정부 차원의 북한인권 문제 제기 필요성 평가 ····· 84
19. 정부가 북한인권 문제 제기 시 남북관계에 미칠 영향 ········· 85
20. 북한 주민의 인권을 침해한 가해자에 대한 처벌 ·········· 86

부록. 조사 결과표 ·· 91

제1장. 조사 개요

1. 조사 목적 및 필요성

○ 본 조사는 UN의 북한인권결의안 정례적 통과와 UN 안보리 회부, 한국의 정권교체와 북한인권법 시행, 남북 및 미북 정상회담 개최 등 매년 변화하는 북한인권 관련 환경을 바탕으로 일반 국민들의 북한인권에 대한 인식과 관심수준을 정례적으로 파악하고자 실시되었으며 구체적인 목적과 필요성은 다음과 같음

- 일반 국민 대상 북한인권에 관한 정례적 의식조사 연구 결과 미비
- 정례(연간)적으로 북한인권에 대한 국민의식 조사를 통해 시기별 비교 가능한 정책 기초 데이터 수집
- 북한인권 정책 개발과 통일대비 정책 개발에 활용
- 북한인권 정책에 대한 정부 성과 평가 자료로 활용

○ 2023년 조사는 전국의 만 19세 이상 성인 남녀를 대상으로 온라인 조사 방법을 사용하였음

- 기존 2020년까지 진행된 조사는 전국의 만 19세 이상 성인 남녀를 대상으로 전화조사 방법을 사용하였음
- 2021년 조사는 기존 전화조사와 온라인조사를 동시에 실시하여 그 결과를 비교분석한 바 유의한 차이가 없어 온라인으로 전환을 결정, 이후 온라인 조사 진행

○ 2023년 온라인조사 방법과 설계는 다음 표와 같음

제1장. 조사 개요

조사 개요

구 분	내 용
모 집 단	· 전국에 거주하는 만19세 이상 성인 남녀
표 집 틀	· ConsumerInsight 패널(약 80만 명)중 성, 연령, 지역 인구 구성비에 따른 할당 후 추출
표집 방법	· 성별, 연령별, 지역별 기준 비례할당추출
표본 크기	· 1,000명
표본 오차	· 무작위추출을 전제할 경우, 95% 신뢰수준에서 최대허용 표집오차는 ±3.1%p
조사 방법	· 구조화된 설문지를 통한 온라인 조사
가 중 치 부여방식	· 성별, 연령별, 지역별 가중치 부여(림가중) (2023년 8월 행정안전부 발표 주민등록 인구 기준)
조사 일시	· 2023년 10월 4일~10월 9일
조사 기관	ConsumerInsight (주)컨슈머인사이트(대표이사 김진국)

2. 응답자 특성

(단위 : %)

Base=전체	사례수 (명)	비율 (%)
◼ 전체 ◼	(1,000)	100.0
성별		
남자	(495)	49.5
여자	(505)	50.5
연령		
19-29세	(145)	14.5
30-39세	(152)	15.2
40-49세	(184)	18.4
50-59세	(200)	20.0
60세 이상	(319)	31.9
권역		
서울	(186)	18.6
인천/경기	(326)	32.6
대전/세종/충청	(106)	10.6
광주/전라	(94)	9.4
대구/경북	(97)	9.7
부산/울산/경남	(148)	14.8
강원/제주	(43)	4.3
학력		
고졸 이하	(198)	19.8
대재 이상	(802)	80.2
직업		
농/임/어업	(7)	0.7
자영업	(82)	8.2
판매/영업/서비스직	(86)	8.6
생산/기능/노무직	(59)	5.9
사무/관리/전문직	(441)	44.1
주부	(146)	14.6
학생	(43)	4.3
무직/퇴직/기타	(136)	13.6

[계 속]

제1장. 조사 개요

(단위 : %)

Base=전체	사례수 (명)	비율 (%)
◼ 전체 ◼	(1,000)	100.0
가구 소득		
200만원 이하	(110)	11.0
201-300만원 이하	(148)	14.8
301-400만원 이하	(156)	15.6
401-500만원 이하	(172)	17.2
501만원 이상	(414)	41.4
이념 성향		
진보	(278)	27.8
중도	(409)	40.9
보수	(313)	31.3
북한인권 개선		
개선되고 있다	(75)	7.5
변함 없다	(670)	67.0
나빠지고 있다	(255)	25.5
북한인권 개선 가능성		
가능성이 있다	(192)	19.2
가능성이 없다	(808)	80.8
북한인권 관심도		
관심이 있다	(658)	65.8
관심이 없다	(342)	34.2
북한인권 심각성		
심각하다	(970)	97.0
심각하지 않다	(30)	3.0
북한인권 개입		
간섭해서는 안 된다	(360)	36.0
개입해야 한다	(640)	64.0
인권단체 도움 여부		
도움이 된다	(534)	53.4
도움이 안 된다	(466)	46.6

제2장. 결과 요약

[결과 요약]

○ 북한인권에 대한 관심도
- 응답자의 65.8%는 평소 북한인권에 "관심이 있다"(매우 15.0%+대체로 50.8%)고 응답한 반면, 34.2%는 "관심이 없다"(전혀 4.8%+별로 29.4%)고 응답함. 북한인권에 대한 일반 국민의 관심도는 매년 큰 변화 없이 50~60%를 유지하고 있음
- 북한인권에 관심을 두게 된 이유로 "북한 사람들의 빈곤과 고통이 안타까워서"라는 응답이 27.7%로 가장 높은 수치를 보임. 그 외에 "북한 정권의 인권탄압이 심해서"와 "원래 같은 나라였으니까"라는 응답이 각각 20.5%, 17.6%로 뒤따름
- 북한인권에 관심이 없는 이유로 "별다른 해결책이 없어서"라는 응답이 32.7%로 가장 높은 수치를 보임. 그 외에 "북한인권 상황에 대한 충분한 정보를 접하지 못해서"와 "통일이 안 될 것 같아서"각 각각 12.9%, 12.0%로 뒤따름

○ 북한인권 상황 인식 및 개선 여부
- 일반 국민 대다수(97.0%)는 북한인권 상황이 "심각하다"(매우 58.9%+어느 정도 38.1%)는 데 공감하고 있음

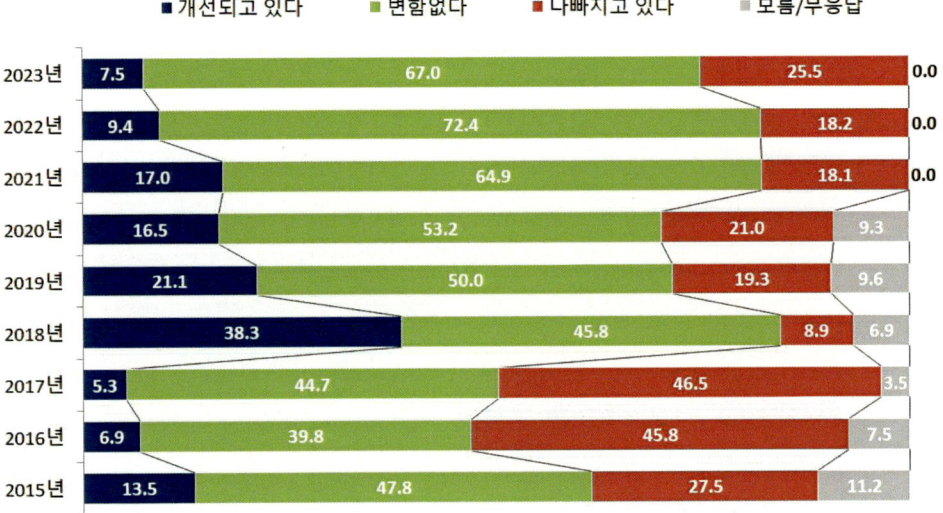

- 북한인권 상황에 대해 응답자의 25.5%는 "나빠지고 있다"고 응답한 반면, 7.5%는 "개선되고 있다"고 응답함. 북한인권이 예전에 비해 "개선되고 있다"는 응답은 지난해에 비해 1.9%p 감소했고, "나빠지고 있다"는 7.3%p 증가함. "변함없다"는 응답은 5.4%p 감소해 일반 국민 다수가 북한인권 개선의 변화가 없이 심각하다고 인식하고 있음

제2장. 결과 요약

○ **북한인권 개선 가능성**
- 북한인권 개선 가능성에 대해 응답자의 80.8%는 "더 개선될 가능성이 없다"고 응답한 반면, 19.2%는 "더 개선될 가능성이 있다"고 응답함. 북한인권 개선 여부에 대한 긍정 답변은 2018년 최고 수치를 보인 이후 지속적으로 감소하고 있음

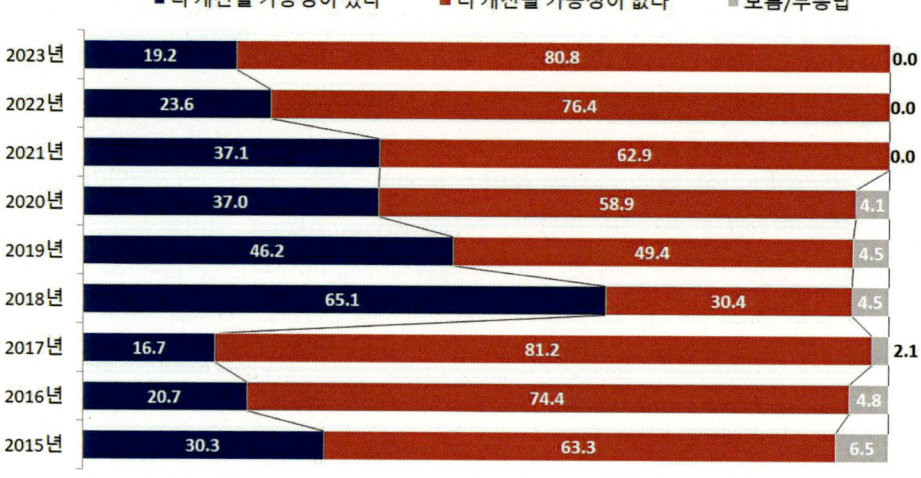

○ **북한 난민 대규모 발생 시 우리 정부가 취해야 할 대응책**

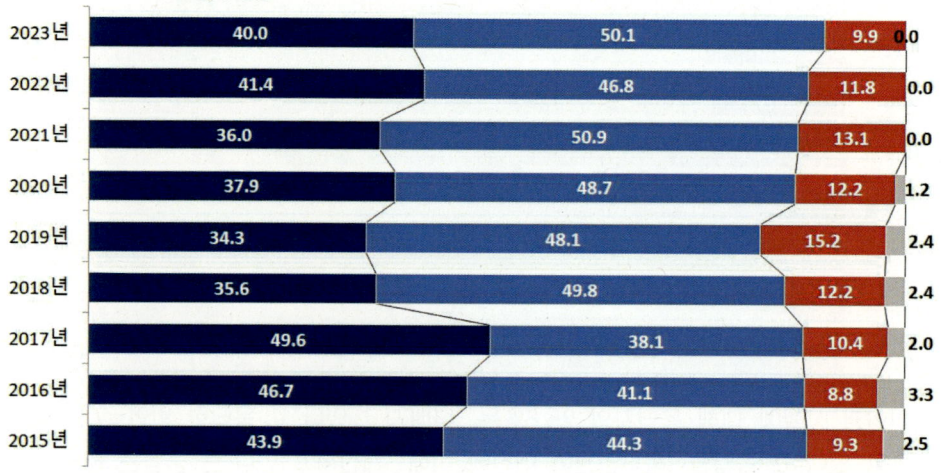

- 북한 난민이 대규모로 발생할 경우 우리 정부가 취해야 할 적절한 대응책으로 응답자의 40.0%는 "같은 동포이기 때문에 우리나라에 살고자 하는 사람은 모두 받아야 한다"고 응답한 반면, 50.1%는 "경제적 능력과 외교적 부담을 고려해 선별적으로 받아들여야

한다", 9.9%는 "우리 사회에 큰 부담이 되기 때문에 받아들여서는 안 된다"고 응답함.
- 북한 난민 대규모 발생 시 전원 수용해야 한다는 응답은 올해도 여전히 40%대에 머물러 있는 모습을 보였으며, 선별적으로 수용해야 한다는 응답은 지난해에 비해 3.3%p 증가하며 50%대가 넘은 수치를 보임.

○ 북한인권 관련 이슈에 대한 인지도

구 분	들어 봤거나 알고 있다	처음 듣는다
공개처형	92.0	8.0
탈북어민 북송사건	85.3	14.7
정치범수용소	82.4	17.6
인신매매	80.3	19.7
유엔 북한인권결의안	74.4	25.6
북한인권법	47.8	52.2
김정은 ICC 제소	42.5	57.5
북한인권재단	31.0	69.0
통일부 북한인권기록센터	26.8	73.2
유엔 북한인권현장사무소 설치운영	26.2	73.8
북한인권대사	26.8	73.2
법무부 북한인권기록보존소	20.7	79.3

- "공개처형", "탈북어민 북송사건", "정치범수용소", "인신매매", "유엔 북한인권결의안"에 대해 국민 70% 이상이 인지하고 있는 것으로 조사됨.
- 탈북어민 북송사건을 다수 국민이 인지한 가운데 56.0%는 북송이 적절하지 않았다고 인식
- "북한인권법"(47.8%), "김정은 국제형사재판소(ICC) 제소"(42.5%), "북한인권재단"(31.0%), "통일부 북한인권기록센터"(26.8%), "유엔 북한인권 현장사무소 설치 운영"(26.2%), "북한인권대사 임명(26.8%)", "법무부 북한인권기록보존소"(20.7%)를 들어봤다는 응답은 과반 이하임.
- 김정은 국제형사재판소(ICC) 제소를 들어봤다는 응답은 지난해 38.7%에서 42.5%로 3.8%p 소폭 증가함. 반면 통일부 북한인권기록센터를 들어봤다는 응답은 2.1%p 감소함.
- 통일부 북한인권기록센터, 법무부 북한인권기록보존소, 유엔 북한인권현장사무소 등 한국 정부와 유엔 차원에서 설립된 북한인권 관련 기관에 대해 들어봤다는 응답은 30% 미만으로 나타나며 북한인권 관련 이슈 중 가장 낮은 인지도 수준을 보임.

제2장. 결과 요약

○ 통일부 북한인권기록센터 인지도와 운영성과 만족도
- 통일부 북한인권기록센터를 들어봤거나 알고 있다는 응답은 26.8%(2022년 28.9%)로 2.1%p 감소함. 올해 3월 북한인권기록센터의 활동결과에 대한 공개보고서가 최초로 발간되었음에도 오히려 인지도가 감소한 모습을 보이는데, 이는 북한인권기록센터가 통일부 국장급 단위 조직으로 6년째 운영되고 있으나, 국민 사이에서 전반적으로 정부기관으로서의 존재감이 약하기 때문으로 해석할 수 있음.
- 북한인권법 통과로 통일부 북한인권기록센터 설치 운영, 법무부의 북한인권기록보존소 설치 운영 등 정부 공식 부서가 만들어졌으나, 북한인권재단의 출범 지연 및 사무실 폐쇄, 북한인권 기록 활동과 성과 공유의 적극성 부족 등으로 운영 성과는 비판적 평가를 받고 있음.

○ 법무부 북한인권기록보존소 인지도와 운영성과 만족도
- 법무부 북한인권기록보존소를 들어봤거나 알고 있다는 응답은 2022년 19.1%에서 20.7%로 1.6%p 증가하였으나, 여전히 북한인권 관련 이슈 중 가장 낮은 인지도를 보이며, 이는 소속기관인 법무부의 활동 및 홍보 미비로 보임
- 법무부 북한인권기록보존소는 2018년 정부 과천청사에서 법무연수원 용인분원으로 축소 이전됐고, 해당 업무담당 인원도 감축됐음. 올해 북한인권기록보존소 정상화 기치를 내걸며 5년 만에 법무부 과천정부청사로 이전함. 이에 따라 향후 북한인권기록보존소 역할에 대한 기대감으로 인해 올해 법무부 북한인권기록보존소 운영 성과에 대해 만족한다는 응답이 처음으로 30% 넘는 수치를 기록함.

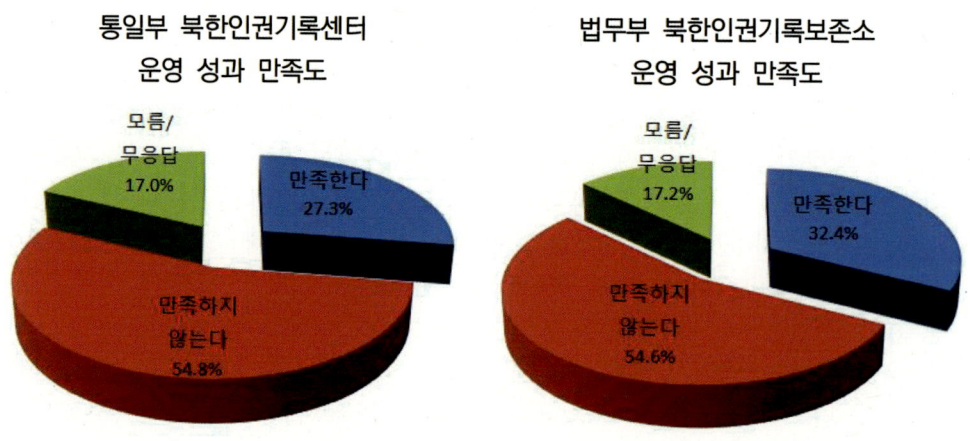

○ 북한인권 피해 조사기록 진행 주체 적절성
- 북한인권 피해를 조사, 기록하는 활동이 어떻게 진행되는 것이 적절한지에 대한 질문에 대해 "정부와 민간기관이 협력해야 한다"는 응답은 지난해보다 10.6%p 증가한 78.3%로 높게 나타남
- 올해 조사에서는 기존 "국제기구 단독으로" 항목을 삭제하고 "할 필요 없다"가 신설됨. 북한인권 피해 조사기록이 불필요하다는 응답은 6.8%로 나타남
- 2020년 국정감사 이후 북한인권 피해 조사 및 기록과 관련한 정부와 민간단체의 갈등이 고조된 바 있음. 올해 통일부 북한인권기록센터에서 처음으로 북한인권보고서가 공개 발간되었으나 해당 기관의 운영 성과에 대해 만족하지 않는다는 응답이 지난해보다 2.2%p 증가하며 54.8%로 나타남. 즉, 국민 대다수는 북한인권 피해에 대한 기록과 조사가 어느 한 기관이 독점하는 형태가 아닌 민관 상호 협력하에 실질적이고 효과적인 결과로 도출될 수 있다고 기대하고 있음
- 응답자의 정치성향과 무관하게 정부와 민간기관이 협력하여 진행해야 한다는 입장이 75% 이상(진보 83.1%, 중도 78.5%, 보수 73.8%)으로 나타나 다수의 국민들은 북한인권 피해 조사기록은 민관협력이 필요한 사안으로 인식하고 있음

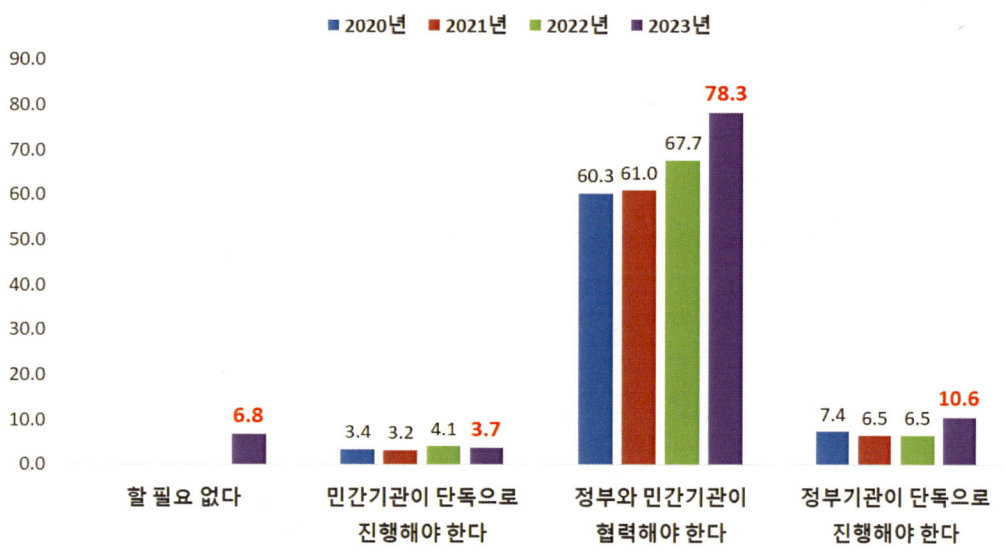

제2장. 결과 요약

○ **북한인권박물관 진행 주체 적절성**
- 지난 2016년 정부 차원에서의 북한인권박물관 설립 계획을 발표한 이후 정권교체로 인해 계획 진행이 보류되었으나, 최근 통일부가 2026년 개관을 목표로 '국립북한인권센터'를 건립하겠다는 의지를 내비침. 이에 민간에서는 정권교체에 따른 북한 인권 이슈의 부침 우려와 박물관의 독립성 및 안전성 유지를 위해 기획과 운영은 민간을 중심으로 한 민관협력을 촉구함
- 이러한 상황에서 올해 조사에 북한인권박물관 건립 및 운영에 대한 항목을 신설하여 조사를 진행함. "정부와 민간기관이 협력해야 한다"는 응답이 67.4%로 가장 높게 나타나며 국민의 과반수는 북한인권박물관에 있어 특정 기관의 단독 운영 형태보다는 민관협력 체계 구축의 필요성을 느끼고 있다는 걸 보여줌

○ **북한인권 개입 여부에 대한 입장**
- 북한인권과 관련한 주장에 대해 응답자의 64.0%가 "보편적 인권 차원에서 적극적으로 개입해야 한다"고 응답한 반면, 36.0%는 "북한인권 문제는 북한 내부의 문제이므로 간섭해서는 안 된다"고 응답함. 국제사회의 북한인권 문제제기에 북한 정권은 내부간섭이라며 반발하고 있으나, 우리 국민의 과반수는 보편적 인권 차원에서 적극적으로 북한인권 문제를 해결해야 한다는 인식을 하고 있음

○ **북한인권법의 북한인권 개선 효과에 대한 입장**
- 북한인권법 제정에 따른 북한인권 개선 효과에 대해 응답자의 65.7%는 "효과가 없을 것"(전혀 12.9%+별로 52.8%)이라고 응답한 반면, 34.3%는 "효과가 있을 것"(매우 5.4%+대체로 28.9%)이라고 응답함. 2018년 남북관계 개선과 함께 북한인권법이 북한인권 개선에 기여할 것으로 기대했으나, 해당 법안이 제대로 이행되지 않으면서 지속적인 인지도 감소와 더불어, 향후에도 북한인권 개선을 위해 효과적으로 작동할 가능성이 낮을 것이라고 판단한 것으로 보임

○ **북한인권 개선을 위해 우선적으로 해야 할 사항**
- 응답자의 44.4%는 "국제사회의 공조를 통한 압박"을 꼽았고, 다음으로 "꾸준한 대화를 통한 개선촉구 및 지원"(27.5%), "국제사회의 대북지원 확대 및 활성화"(14.6%), "북한인권피해 기록 및 홍보"(11.3%) 순으로 나타남. 현재까지 북한인권 개선을 위한 우선적 방법은 "국제사회의 공조를 통한 압박"이 가장 높게 나타나고 있으며, 국민들의 인식은 "국제공조를 통한 압력"과 "대화와 지원 중심"이라는 두 가지 방법이 함께 선호되고 있음
- 진보성향 응답자의 경우 "꾸준한 대화를 통한 개선촉구 및 지원"(40.6%)과 "국제사회의 공조를 통한 압박"(31.3%)에 대한 정책 선호도가 유사하게 나타나고 있으며, 이는 지속적인 대화 정책만으로는 북한인권 개선에 한계가 있음을 인지하는 것으로 보임

제2장. 결과 요약

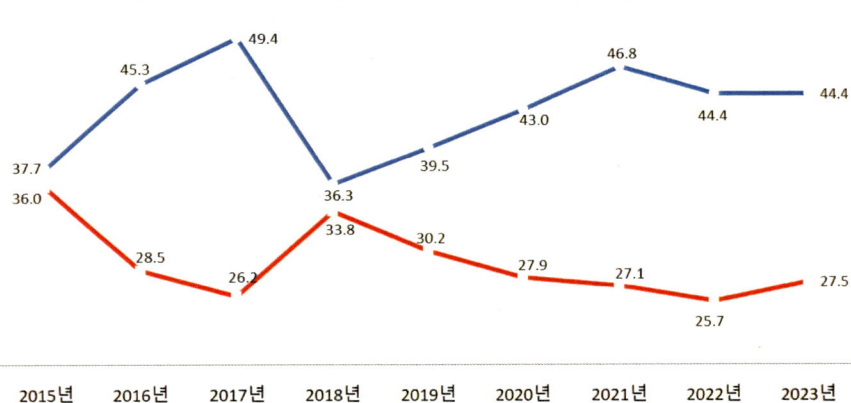

○ 북한인권 개선을 위해 북한인권 단체가 가장 우선해야 할 역할
- 응답자의 48.9%가 "북한인권 상황 기록 및 피해 상황에 대한 국내외 홍보 활동"을 꼽았으며, "김정은 국제형사재판소 제소 등 국제적, 정치적 활동"이 25.7%로 그 뒤를 이음. 상대적으로 북한에 대한 정치적 활동보다는 장기적 측면에서 인권기록과 국내외 홍보 활동의 중요성을 강조하고 있음
- 다음으로 "대북방송 등을 통한 북한 주민 의식교육"(17.1%), "대북지원"(6.3%) 순으로 나타남

○ 북한인권 개선을 위한 북한인권 단체 활동의 필요성

구 분	필요하다	필요하지 않다
1. 북한인권 피해 기록 및 보관	78.9	21.1
2. 국내외 세미나 등 인권상황 홍보	79.2	20.8
3. 북한인권법 시행 등 제도적 준비	74.2	25.8
4. 북한인권 문제에 대한 과거청산 준비	63.9	36.1
5. 대북인권방송을 통한 북한 주민 의식교육	68.8	31.2
6. 의료지원, 식량지원 등 대북지원	61.4	38.6
7. 대북전단 살포	47.3	52.7

- 북한인권 개선을 위한 북한인권 단체 활동 중 "국내외 세미나 등 인권 상황 홍보"와 "북한인권 피해 기록 및 보관", "북한인권법 시행 등 제도적 준비"는 매년 70% 이상의 국민 지지를 받는 주요 활동들임
- 북한인권 개선을 위한 북한인권 단체 활동 중 "국내외 세미나 등 인권상황 홍보"에 대해서 79.2%(2022년 83.7%)가 "필요하다"고 응답하며 가장 중요한 활동으로 꼽힘. 다음으로 "북한인권 피해 기록 및 보관"은 78.9%(2022년 84.9%)가 "필요하다"고 응답함.

제2장. 결과 요약

- 북한인권법 시행 등 제도적 준비에 대해 응답자의 74.2%는 "필요하다"고 응답함. 북한인권법은 북한인권재단 설립을 명시하고 있으나, 2016년 법안 통과 이후 현재까지 설립되지 못하고 있어 관련 단체들의 비판 대상이 되고 있음. 지난해 8월 북한인권재단 출범의 촉진을 목적으로 하는 '북한인권재단 정상화법(북한인권법 일부 개정안)'이 발의되었음에도 현재까지 야당에서 이사 추천이 진행되지 않아 재단 출범이 불투명한 상황임.
- "대북전단 살포"에 대해 응답자의 47.3%가 "필요하다"고 응답해 북한인권단체 활동 필요성에 공감하는 비율이 가장 낮게 나타났으나, 지난해 43.5%에서 3.8%p 증가한 수치를 보임. 보수 성향 응답자의 63.6%는 대북전단 살포가 "필요하다"고 답한 반면 진보 성향 응답자는 32.7%만 "필요하다"고 답해 이념성향에 따른 견해 차이가 여전히 뚜렷함.

○ 북한인권 단체 활동의 북한인권 개선 도움 여부
- 응답자의 53.4%는 "도움이 된다"고 응답한 반면, 46.6%는 "도움이 되지 않는다"고 응답함. 과반수에 가까운 국민들은 북한인권 단체의 활동이 북한인권 개선에 실질적인 도움을 주는 데 한계가 있다고 평가하고 있음

○ 북한인권 개선을 위해 가장 노력해야 할 집단
- 응답자의 36.1%는 "북한 당국"을 꼽았고, "국제인권단체"(24.5%), "우리 정부"(12.9%), "유엔"(12.7%), "미국 등 각국 정부"(9.0%), "국내 북한인권 단체"(4.8%) 순으로 나타남

○ 한국 정부의 공식적인 북한인권 문제제기
- 응답자의 61.5%는 한국 정부가 북한인권 문제를 북한 당국에 공식적으로 "제기해야 된다"고 응답한 반면, 38.5%는 "제기하면 안 된다"고 응답함
- 한국 정부가 북한 당국에 북한인권 문제를 제기할 경우 응답자의 71.6%는 "남북관계에 부정적인 영향을 미칠 것"이라고 응답

○ 북한인권 문제에 대한 과거청산 준비 및 가해자 처벌 필요성
- 앞서 응답자의 63.9%는 북한인권 문제에 대한 과거청산 준비가 "필요하다"고 응답함. 이는 통일된 한반도에 대한 기대와 준비 차원에서, 과거청산에 대한 올바른 논의와 사회적 합의가 필요하다는 것을 보여주는 결과임
- 인권침해 가해자에 대해 처벌이 필요하다는 응답은 "강력하게 처벌해야 한다"(36.4%), "침해유형이나 피해정도를 따져 처벌해야 한다"(60.5%)로 전체 96.9% 수준의 응답자들이 가해자 처벌의 필요성에 공감을 표함.
- 북한이탈주민은 일반 국민과 같이 비슷한 수준(91.3%, 강력 52.5% + 침해유형이나 피해정도 따져 38.8%)으로 처벌에 대한 필요성을 인식하고 있으나, 그 처벌 수준은 상대적으로 더욱 강력한 처벌을 원하고 있음

제3장. 조사 결과

1. 북한인권에 대한 관심도

○ 응답자의 65.8%는 평소 북한인권에 "관심이 있다"(매우 15.0%+대체로 50.8%)고 응답한 반면, 34.2%는 "관심이 없다"(전혀 4.8%+별로 29.4%)고 응답함

○ 북한인권에 대해 "관심이 있다"는 응답은 2019년 이후 감소비율을 보이다가 2022년 조사에서 증가한 값을 보임. 올해 조사에서도 작년과 유사한 값을 보임

○ 북한인권에 대한 일반국민의 관심도는 남북 정상회담 개최나 북미 정상회담 등 새로운 이슈가 발생할 경우 관심도가 높아지기는 하지만 그 변화폭이 크지 않으며 매년 평균 50~60%를 유지하고 있음

○ "관심이 있다"는 응답은 서울에서 70.4%로 가장 높은 수치를 보였고, 그 뒤를 인천/경기 67.8%, 광주/전라가 66.0%로 따랐으며, 강원/제주가 55.8%로 가장 낮게 나타남

○ 성별로는 남성의 71.9%가 관심이 있다고 응답하였고, 여성은 59.8%가 관심이 있다고 응답하여 상대적으로 남성의 관심이 높다는 걸 확인할 수 있음

○ 60세 이상의 78.1%가 관심이 있다고 응답한 반면, 50대 67.5%, 19세~29세 62.1%, 40대 57.6%, 30대 51.3%로 30대의 관심도가 상대적으로 낮게 나타남

제3장. 조사 결과

문] 선생님께서는 평소 북한인권에 대해 관심이 있습니까, 아니면 없습니까?

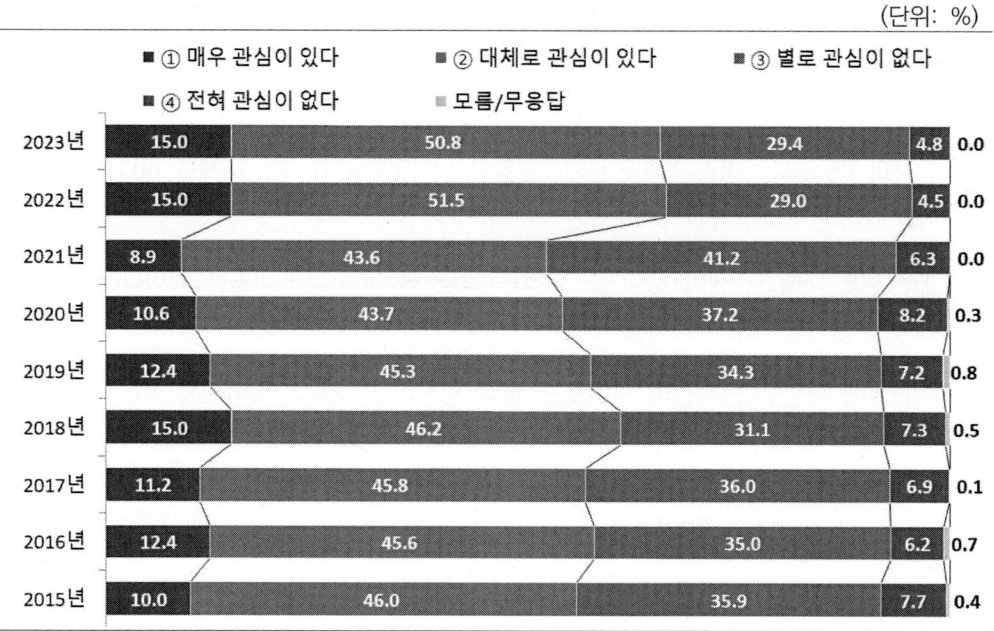

▷ "관심이 있다"는 응답은 △남자 △60세 이상 △서울 △농/임/어업, 자영업 종사자 및 무직/퇴직/기타 △가구소득 401~500만원 △보수 △북한인권 나빠지고 있다 △북한인권 개선 가능성이 있다 △북한인권 개입해야 한다 △인권단체 도움이 된다 응답자에서 상대적으로 높음

제3장. 조사 결과

1-1. 북한인권 관심 이유

○ 기존 조사에서는 북한인권에 관심을 가지게 된 이유를 주관 항목으로 두어 답변을 수집하였음. 올해 조사에서는 기존 수집한 답변들을 각각 "원래 같은 나라였으니까", "미디어(뉴스/프로그램/유튜브 등)를 통해서 알게 되어서", "통일이 될 것 같아서", "북한 정권의 인권탄압이 심해서", "기본적인 인권에 관심이 많아서", "북한에 관심이 있어서", "북한 사람들의 빈곤과 고통이 안타까워서" 등 총 7개로 객관 항목화하여 결과를 도출함

○ 올해 북한인권에 대해 관심이 있다고 응답한 수는 65.8%이며, 그 이유에 대해 "북한 사람들의 빈곤과 고통이 안타까워서"라는 응답이 27.2%로 가장 높은 수치를 보임. "북한 정권의 인권탄압이 심해서"와 "원래 같은 나라였으니까"라는 응답이 각각 20.5%, 17.6%로 그 뒤를 이음

○ 이는 일반 국민이 북한의 식량난 및 열악한 인권상황에 대해 전반적으로 인식하고 있음을 보여줌. 특히 높은 연령층에서 "북한 정권의 인권탄압이 심해서"라고 응답한 비율이 비교적 높다는 걸 확인할 수 있었는데 60세 이상에서 31.7%, 50대에서 25.9%의 수치를 보임

문] 선생님께서 북한인권에 관심을 가지게 된 이유(계기)는 무엇입니까?

(단위: %)

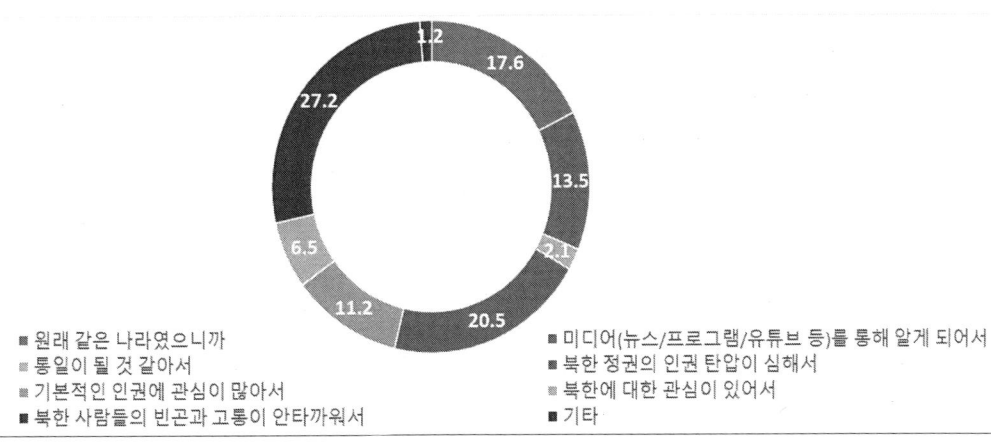

제3장. 조사 결과

1-2. 북한인권 무관심 이유

○ 기존 조사에서는 북한인권에 관심이 없는 이유에 대해 주관식으로 답변을 수집하였음. 올해 조사에서는 기존 수집한 답변들을 각각 "다른 나라라는 생각이 들어서", "북한인권 상황에 대한 충분한 정보를 접하지 못해서", "통일이 안 될 것 같아서", "우리나라 인권도 좋지 않아서", "인권 문제에 대한 개인적인 관심이 부족해서", "북한에 관심이 없어서", "별다른 해결책이 없어서" 등 총 7개로 객관 항목화하여 결과를 도출함

○ 올해 북한인권에 관심이 없다고 응답한 비율은 34.2%로 그 이유에 대해 "별다른 해결책이 없어서"라는 응답이 32.7%로 가장 높은 수치를 보임. "북한인권 상황에 대한 충분한 정보를 접하지 못해서"와 "통일이 안 될 것 같아서"가 각각 12.9%, 12.0%로 그 뒤를 이음

○ 이러한 결과는 올해 북한인권의 개선 가능성에 대한 문항에서 "더 개선될 가능성이 없다"라고 80.8%의 응답률이 보여주듯이, 북한인권 문제에 대한 마땅한 해결책이 제시되지 못하는 상황 속에서 이에 대한 일반 국민의 관심도 감소하고 있다는 걸 알 수 있음

문] 선생님께서 북한인권에 관심이 없는 이유는 무엇입니까?

(단위: %)

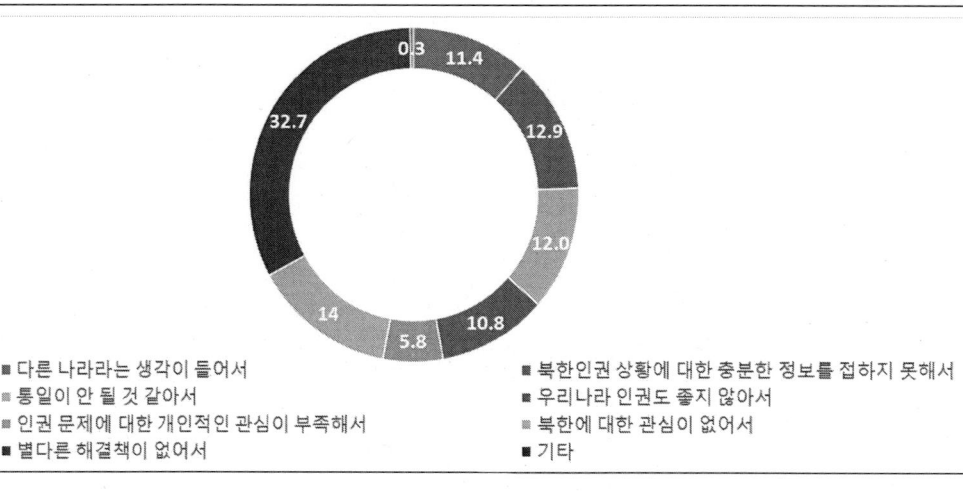

제3장. 조사 결과

2. 북한인권 심각성에 대한 인식

○ 북한인권 상황에 대해 응답자의 97.0%는 "심각하다"(매우 58.9%+어느 정도 38.1%)고 응답한 반면, 3.0%는 "심각하지 않다"(전혀 0.7%+별로 2.3%)고 응답함

○ 2023년 북한인권 상황에 대해 "심각하다"는 응답은 97.0%로, 2018년(85.4%), 2019년(87.2%), 2020년(88.1%), 2021년(91.4%), 2022년(95.5%)에 이어 증가한 값을 보이며 북한인권 상황의 심각성에 대해 국민 대부분이 공감하고 있는 것으로 나타남

문] 선생님께서는 북한인권 상황이 심각하다고 생각하십니까, 아니면 심각하지 않다고 생각하십니까?

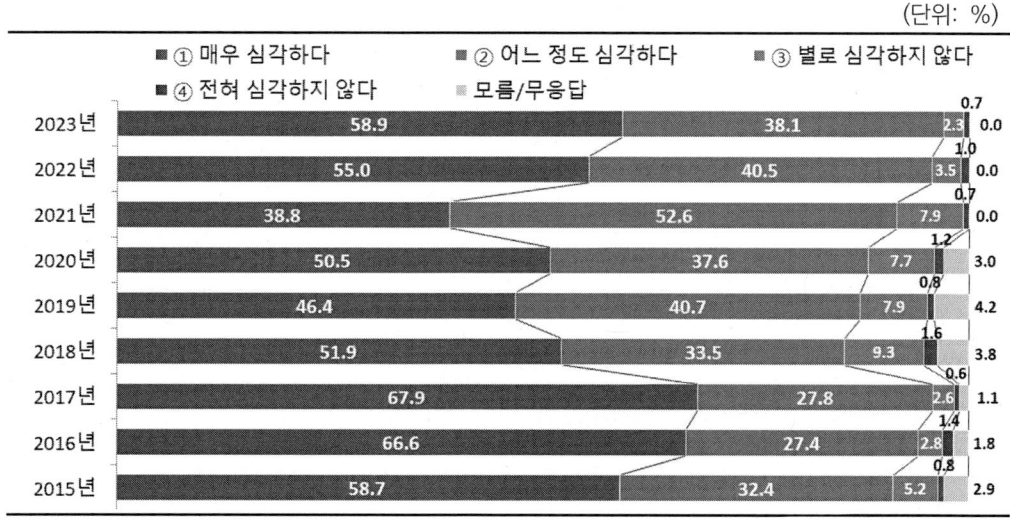

▷ 북한인권 상황이 "심각하다"는 응답은 성별, 연령, 지역, 이념성향에 따른 구분 없이 높게 나타남

3. 북한인권 개선 여부

○ 북한인권 개선 여부에 대해 응답자의 25.5%는 "나빠지고 있다"고 응답한 반면, 7.5%는 "개선되고 있다"고 응답함. 한편, "변함없다"는 응답은 67.0%임

○ 북한인권이 예전에 비해 "개선되고 있다"는 응답은 지난해에 비해 1.9%p 감소했고, "변함없다"는 응답은 5.4%p 감소함. 특히 "나빠지고 있다"는 응답은 지난해에 비해 7.3%p 증가함

○ 북한인권 개선 여부에 대한 긍정 답변은 2018년 남북, 북미 정상회담 등 한반도 주변 국제 정세의 진전이 북한인권 개선에 영향을 미칠 것이라는 기대감으로 최고 수치를 보였으나, 이후 다시 감소세를 보임. 남북관계 경색 및 북한 인권실태 심각성에 대한 미디어에서의 노출이 증가한 결과로 "나빠지고 있다"는 응답률이 큰 폭으로 증가한 것으로 풀이됨

문] 선생님께서는 북한인권이 예전에 비해 개선되고 있다고 보십니까, 아니면 그렇지 않다고 생각하십니까?

(단위: %)

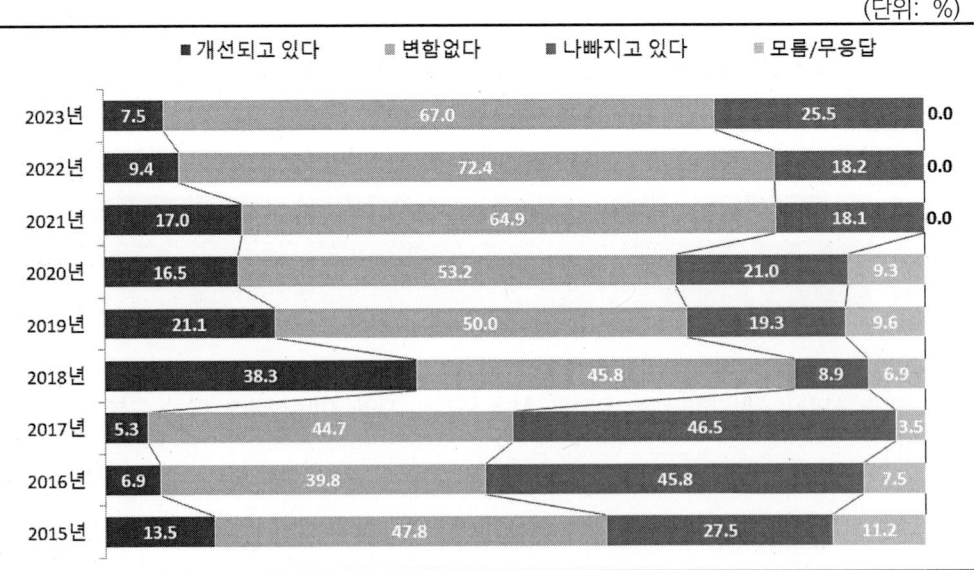

4. 북한인권 개선 가능성

○ 북한인권 개선 가능성에 대해 응답자의 80.8%는 "더 개선될 가능성이 없다"고 응답한 반면, 19.2%는 "더 개선될 가능성이 있다"고 응답함

○ 북한인권이 "더 개선될 가능성이 없다"는 응답은 2020년(58.9%), 2021년(62.9%), 2022년(76.4%)에 비해 높은 수치임

○ 북한인권이 "더 개선될 가능성이 있다"는 응답은 앞서 북한인권 상황이 심각한지에 대한 비율이 낮았던 2018년 65.1% 이후 2019년 46.2%, 2020년 37.0%, 2022년 23.6%로 18.9%, 9.2%, 13.5%씩 대폭 감소해오고 있으며 올해 조사에서도 20%에 미치지 못하는 수치를 보임

○ 북한인권 상황이 심각(97.0%)하고 이에 대한 개선이 필요하다고 인식하고 있으나, 실제 북한인권 문제 해결을 위한 개선 가능성은 없다는 응답이 80.8%를 차지하고 있어 북한인권 개선 가능성에 대한 국민적 인식이 부정적임을 보여줌

○ 이는 앞서 북한인권에 관심이 없는 이유로 꼽았던 주요 이유 중 '별다른 해결책이 없없어서'가 32.7%로, 가장 높은 응답률을 보인 것과 같이 다수의 국민이 현실적인 제약을 인식하고 있다는 것을 반영하고 있음

○ 북한인권 문제의 최종 책임은 북한에 가장 큰 책임이 있으나 온전히 북한만의 문제라 할 수 없고, 현재는 국제관계 안에서 상당부분 다루어지는 경우가 많음. 더구나 북한인권의 가해자인 북한 스스로 노력해야 한다는 점에서 북한 주민의 인권실태에 대한 관심과 문제제기, 실질적 개선을 위한 노력이 지속적으로 이루어질 필요가 있음

○ 연령별로는 30대에서 "가능성이 있다"는 응답 비율(14.5%)이 가장 낮게 나타났고, 40대(22.8%)와 50대(20.5%)가 상대적으로 높게 나타남

○ 권역별로는 대구/경북에서 "가능성이 있다"는 응답 비율(12.4%)이 가장 낮게 나타났고, 서울(23.7%)과 대전/세종/충청(22.6%)이 상대적으로 높은 응답률을 보임

제3장. 조사 결과

문] 선생님께서는 북한인권이 앞으로 더 개선될 가능성이 있다고 보십니까, 없다고 보십니까?

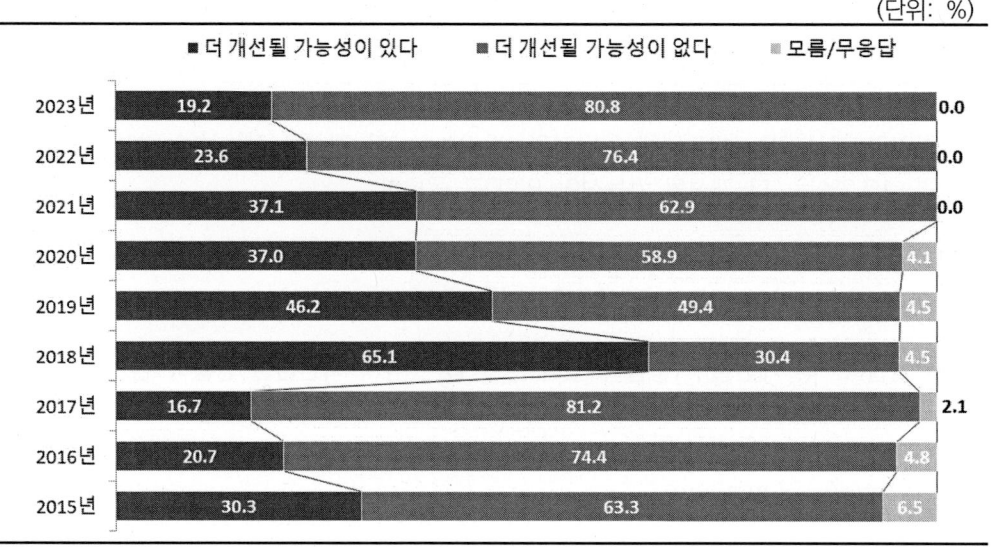

▷ "개선 가능성 있다"는 응답은 △서울 거주자 △진보 △북한인권 개선되고 있다 △북한인권 심각하지 않다 △인권단체 도움이 된다 응답자에서 상대적으로 높음

5. 북한 난민 대규모 발생시 우리 정부가 취해야 할 대응책

○ 북한 난민이 대규모로 발생할 경우 우리 정부가 취해야 할 적절한 대응책으로 응답자의 40.0%는 "같은 동포이기 때문에 우리나라에 살고자 하는 사람은 모두 받아야 한다"고 응답한 반면, 50.1%는 "경제적 능력과 외교적 부담을 고려해 선별적으로 받아들여야 한다", 9.9%는 "우리 사회에 큰 부담이 되기 때문에 받아들여서는 안 된다"고 응답함

○ 북한 난민 대규모 발생시 "모두 받아야 한다"는 응답은 2018년(35.6%) 이후 지난해까지 30% 후반대를 기록했으나, 지난해 40% 이상의 응답률을 보이며 증가 추세를 보였고, 올해는 지난해보다 1.4%p 하락했으나, 여전히 40%대에 머물러 있는 모습을 보임

○ 2018년 조사에서 북한 난민 발생에 대한 국민 인식은 **"전원수용에서 선별수용"**으로 전환된 이후 지속해서 선별수용에 대한 선호가 높게 나타나고 있음. 이러한 결과는 남북관계 개선은 희망하지만, 북한 난민과의 공동생활은 거부하는 인식을 반영한 것으로 보임.

○ 북한인권에 관심이 없는 이유 중 북한을 다른 나라로 인식하거나 통일이 될 가능성이 없기 때문이라고 23.4%가 응답한 것처럼, 북한 출신 난민이 발생할 경우 이들을 타국의 난민과 동일 조건에 두고 수용여부를 판단해야 한다는 응답이 절반을 차지하는 것임

○ 연령별로는 60대를 제외한 모든 연령층에서 "선별 수용해야 한다"는 응답이 가장 높게 나타나 인식 차이를 보임. 광주/전라(42.6%), 서울(41.95%), 인천/경기(41.4%)에서 "모두 받아야 한다"는 응답률이 다른 권역보다 높게 나타남

제3장. 조사 결과

문] 만약 북한 난민이 대규모로 발생할 경우 우리 정부가 취해야 할 적절한 대응책은 무엇이라고 생각하십니까?

(단위: %)

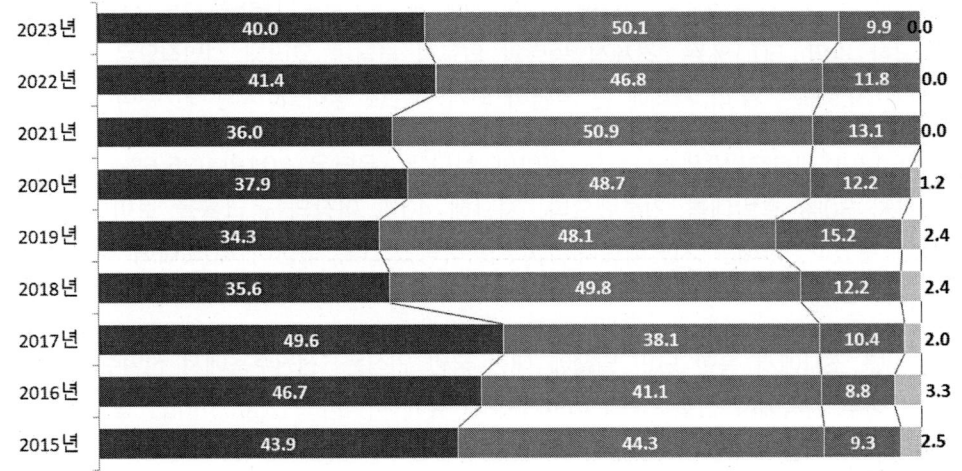

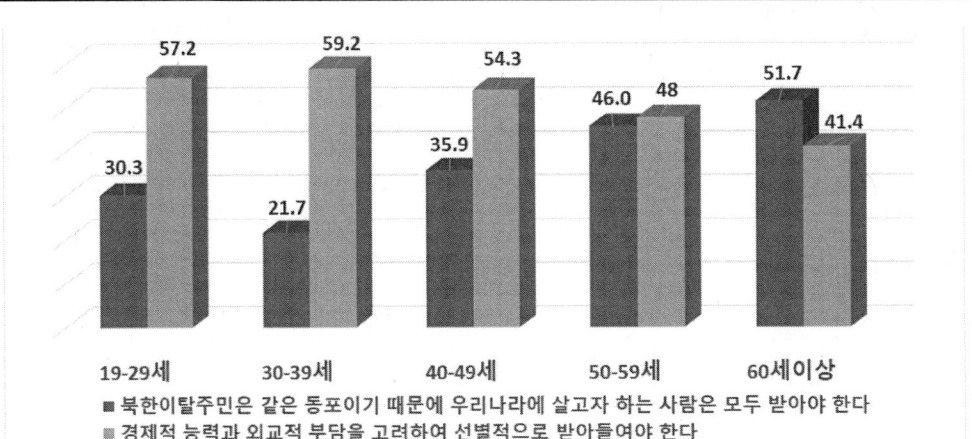

▷ "모두 받아야 한다"는 응답은 △60세 이상 △농/임/어업 종사자 △가구소득 401~500만원이하 △진보, 보수 △북한인권 관심이 있다 △북한인권 개입해야 한다 △인권단체 도움이 된다 응답자에서 상대적으로 높음

▷ "선별적으로 받아들여야 한다"는 응답은 △30~39세 △대구/경북 거주자 △생산/기능/노무직 △가구소득 201~300만원이하 △진보 응답자에서 상대적으로 높음

6. 북한인권 관련 이슈에 대한 인지도

○ 북한인권 관련 이슈에 대해 응답자의 92.0%가 "공개처형"에 대해 들어봤거나 알고 있다고 응답해 가장 높은 인지도를 보임

- 다음으로 "탈북어민 북송사건"(85.3%), "정치범수용소"(82.4%), "인신매매"(80.3%), "유엔 북한인권결의안"(74.4%) 순으로 나타남

- 한편, "북한인권법"(47.8%), "김정은 국제형사재판소(ICC) 제소"(42.5%), "북한인권재단"(31.0%), "통일부 북한인권기록센터"(26.8%), "유엔 북한인권 현장사무소 서울 설치 운영"(26.2%), "북한인권 대사"(26.8%), "법무부 북한인권기록보존소"(20.7%)를 들어봤다는 응답은 절반 이하임

○ 2022년 조사결과와 비교하면 "김정은 국제형사재판소(ICC) 제소"에 대해 들어봤다는 응답이 3.8%p 증가하였고, "탈북어민 북송사건"에 대해 들어봤다는 응답은 2.5%p 줄어 가장 큰 변화를 보임. 올해 북한인권대사에 대해 26.8%가 들어봤다고 응답하여, 지난해보다 3.2%p 증가했음을 확인하였음.

- 최근 미국과 국제사회의 대북제재, 북한인권결의안, 북한인권대사 활동 등의 사안이 언론에 자주 노출됨에 따라 그와 관련된 북한인권 이슈의 인지도가 소폭 상승한 것으로 보임

- "탈북어민 북송사건" 2.5%p, "통일부 북한인권기록센터" 2.1%p, "정치범수용소" 1.2%p 순으로 관심도가 감소함

제3장. 조사 결과

문] 북한인권과 관련하여 다음 불러드리는 이슈에 대해 알고 있는지, 아니면 처음 듣는 것인지 말씀해주세요.

(단위: 들어봤거나 알고 있다 %)

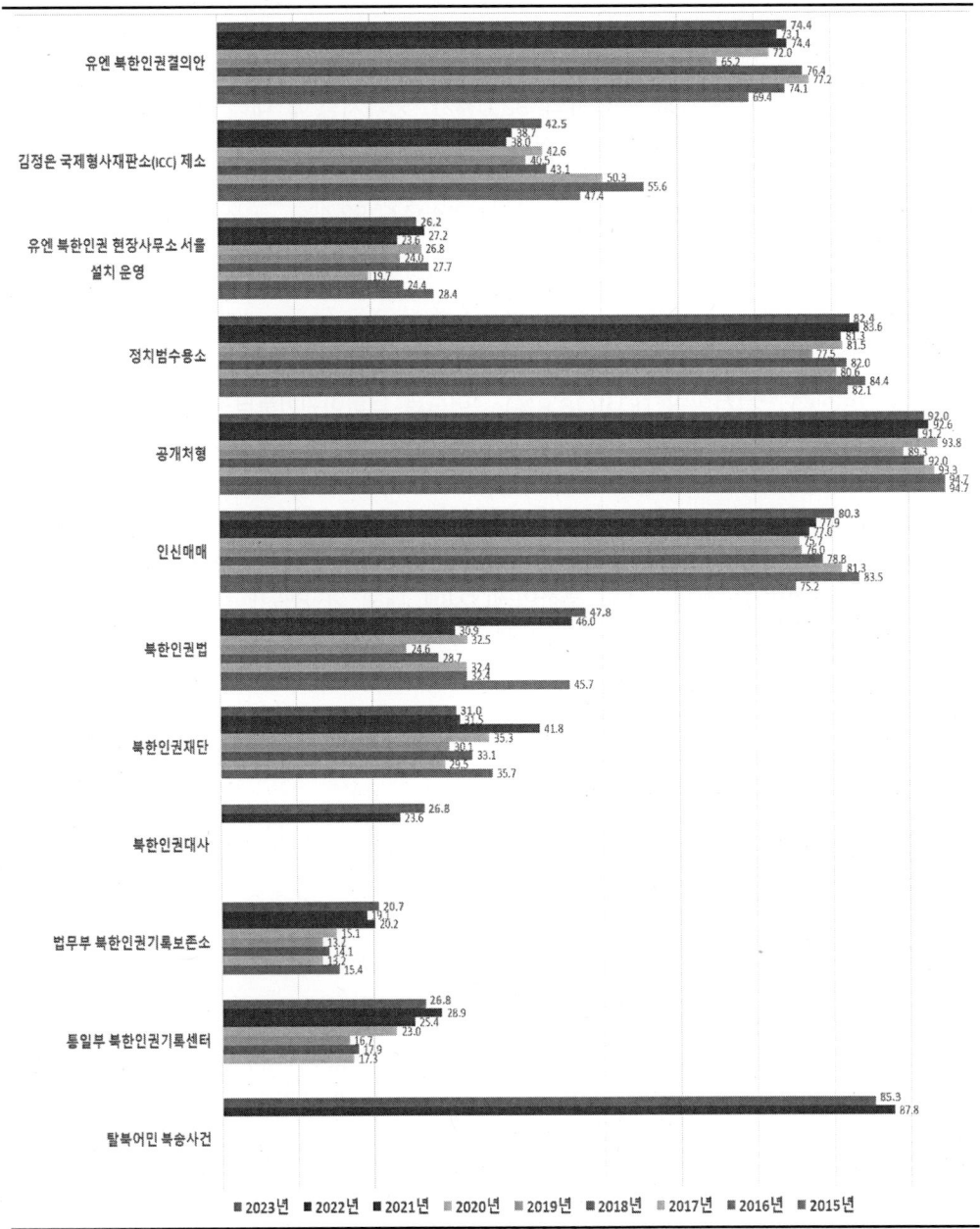

6-1. 북한인권 관련 이슈에 대한 인지도 여부
: 유엔 북한인권결의안

○ 유엔 북한인권결의안에 대해 들어봤거나 알고 있다는 응답은 74.4%로 2022년 73.1%에 비해 1.3%p 증가한 값을 보임

○ 유엔 북한인권결의안은 2003년 유엔인권위원회와 2005년 유엔총회 이후 매년 채택되고 있으며, 유엔총회에서는 2012년 이후 주로 표결없이 합의방식(컨센서스)으로 채택돼오고 있음

○ 우리 정부는 2008년부터 2018년까지 북한인권결의안 공동제안국으로 참여했음. 지난 2019년부터 2022년까지 공동제안국으로 참여하지 않았으나 올해 5년 만에 공동제안국에 복귀함

○ 연령대가 높을수록 유엔 북한인권결의안에 대한 인지도가 높게 나타났음. 19세~29세 55.9%, 30대 65.8%, 40대 75.5%, 50대 79.0%, 60세 이상 83.4%로 나타남

제3장. 조사 결과

문] 북한인권과 관련하여 다음 불러드리는 이슈에 대해 알고 있는지, 아니면 처음 듣는 것인지 말씀해 주세요.

: 유엔 북한인권결의안

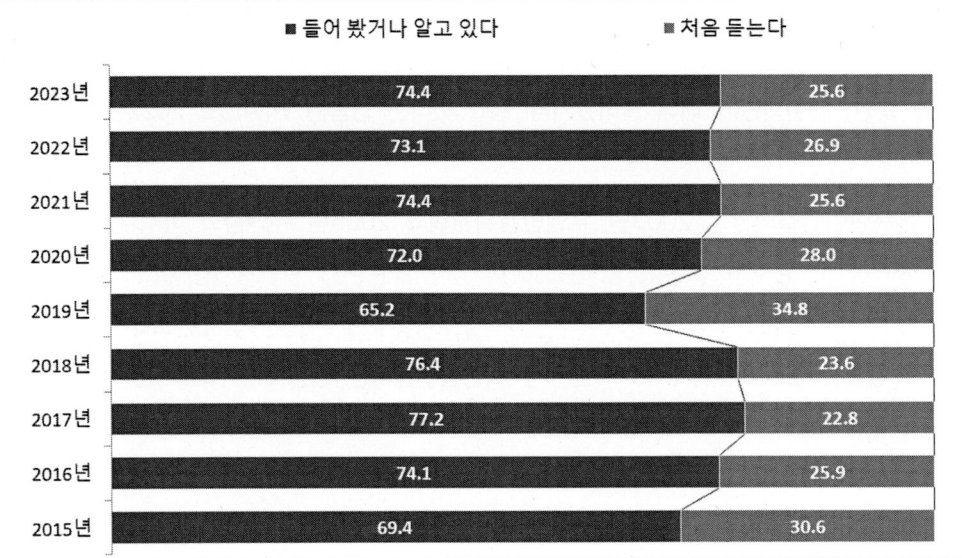

▷ "들어 봤거나 알고 있다"는 응답은 △남자 △60세 이상 △서울 거주자 △자영업 종사자 △가구소득 501만원 이상 △보수 △북한인권 관심이 있다 △북한인권 개입해야 한다 응답자에서 상대적으로 높음

6-2. 북한인권 관련 이슈에 대한 인지도 여부
: 김정은 국제형사재판소(ICC) 제소

○ 김정은 국제형사재판소 제소에 대해 들어봤거나 알고 있다는 응답은 42.5%로 2021년 38.0%, 2022년 38.7%에 비해 높게 나타났고, 2020년 42.6%와 유사한 값을 보이며 해당 이슈에 대한 일반 국민의 인식이 소폭 상승했음을 보여줌

○ 김정은에 대한 국제형사재판소 제소는 2014년 유엔 북한인권조사위원회(COI) 보고서에 명시된 이후로 매년 채택되고 있는 유엔 북한인권결의안에 포함돼 있지만, 김정은의 ICC 제소에 대한 국민의 인지도는 여전히 50%대 이하의 낮은 수준에 머무르고 있다는 걸 확인함

- 유엔총회가 북한인권 문제 최고책임자를 ICC에 넘기도록 권고하는 결의안을 채택했지만, 실질적인 ICC 제소가 이루어지지 않으면서 홍보나 알림 비중은 감소추세임

- 최근 ICC는 러시아의 우크라이나 침공에 대해 푸틴을 전범 혐의로 체포영장을 발부[1]하였고, 이스라엘과 하마스 간 전쟁과 관련하여 전쟁범죄 혐의 조사 의지[2]를 밝힘. 국제형사재판소에 대한 언론 노출이 증가하며 김정은 국제형사재판소 제소에 대한 인지도가 소폭 상승한 것으로 풀이됨

---

1) http://www.bbc.com/korean/news-64998191 우크라이나 전쟁: 국제형사재판소, 푸틴에 전범 혐의로 체포영장 발부 (검색일: 2023.11.17.)
2) http://www.m.khan.co.kr/world/world-general/article/202310301605001#c2b 국제형사재판소, "전쟁범죄 적극 조사"…무엇이 적용되나 (검색일: 2023.11.17.)

제3장. 조사 결과

문] 북한인권과 관련하여 다음 불러드리는 이슈에 대해 알고 있는지, 아니면 처음 듣는 것인지 말씀해 주세요.

: 김정은 국제형사재판소(ICC) 제소

(단위: %)

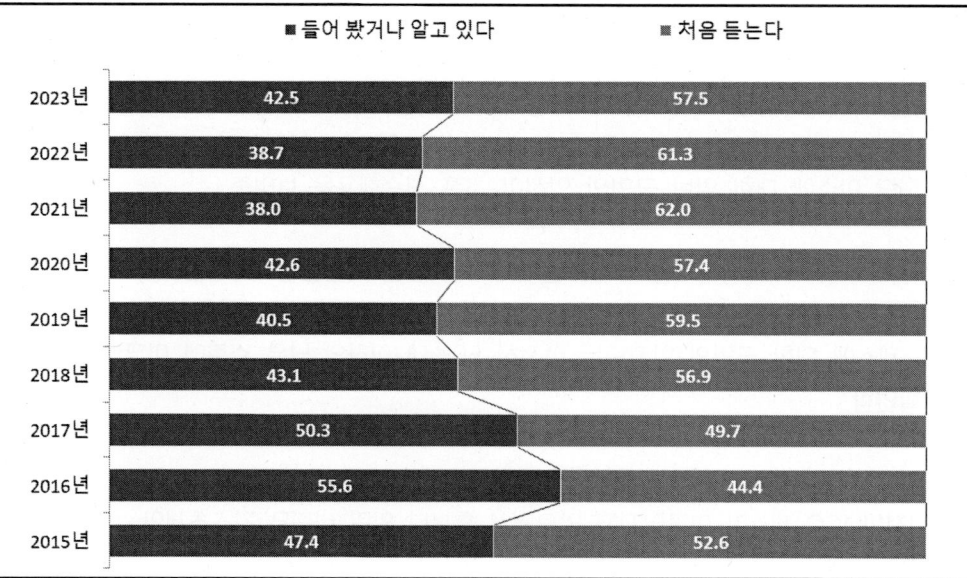

연도	들어 봤거나 알고 있다	처음 듣는다
2023년	42.5	57.5
2022년	38.7	61.3
2021년	38.0	62.0
2020년	42.6	57.4
2019년	40.5	59.5
2018년	43.1	56.9
2017년	50.3	49.7
2016년	55.6	44.4
2015년	47.4	52.6

▷ "들어 봤거나 알고 있다"는 응답은 △남자 △60세 이상 △부산/울산/경남 거주자 △농/임/어업 종사자 △가구소득 301~400만원, 201~300만원 이하 △보수 △북한인권 나빠지고 있다 △북한인권 관심이 있다 △북한인권 개입해야 한다 △인권단체 도움이 된다 응답자에서 상대적으로 높음

6-3. 북한인권 관련 이슈에 대한 인지도 여부
: 유엔 북한인권 현장사무소 서울 설치·운영

○ 유엔 북한인권 현장사무소 서울 설치 운영에 대해 들어봤거나 알고 있다는 응답은 26.2%로 지난해 27.2%보다 1.0%p 감소했으며, 여전히 국민들의 인지도는 낮은 수준으로 유지되고 있음

- 지속적인 북한인권결의안 채택에도 북한인권 개선이 이루어지지 않자 유엔 인권이사회는 2013년 3월 유엔 북한인권조사위원회 설립을 결의함
- 유엔 인권이사회 결의에 의해 설립된 유엔 북한인권조사위원회(COI)는 북한에서 자행되고 있는 인권침해 실태를 1년간 조사하고 그 결과 보고서를 2014년 2월 제출함
- 유엔 북한인권조사위원회 보고서가 북한인권 상황을 감시하고 기록할 목적으로 북한인권 현장사무소 설치를 권고함에 따라, 유엔 북한인권 현장사무소는 2015년 6월 서울에 설치되어 현재까지 운영되고 있음

○ 연령별로 살펴보면 50대와 60세 이상에서 유엔 북한인권 현장사무소를 들어봤다는 응답 비율이 28% 이상으로 상대적으로 높게 나타남. 반면 40대가 22.8%로 가장 낮은 인지도를 보임

제3장. 조사 결과

문] 북한인권과 관련하여 다음 불러드리는 이슈에 대해 알고 있는지, 아니면 처음 듣는 것인지 말씀해 주세요.

: 유엔 북한인권 현장사무소 서울 설치 운영

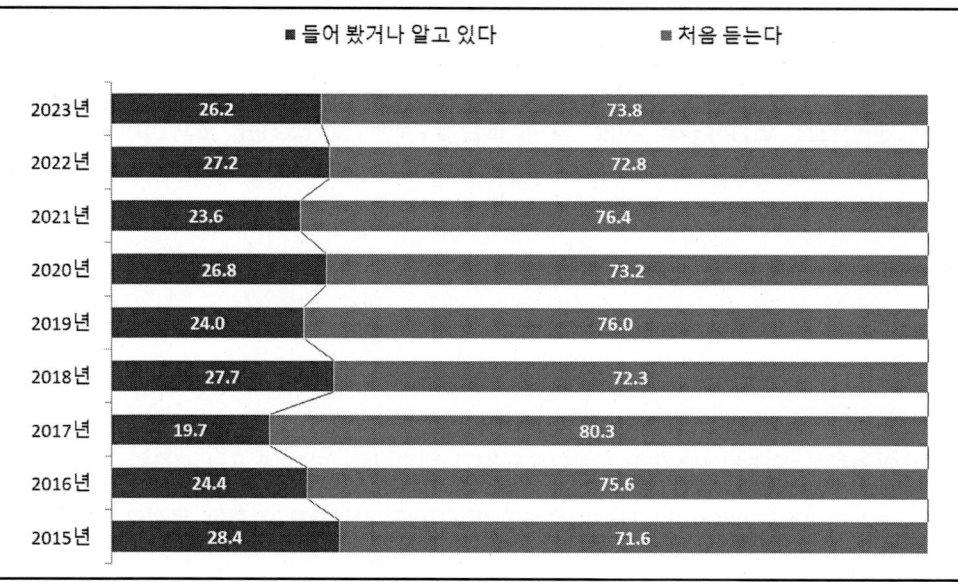

▷ "들어 봤거나 알고 있다"는 응답은 △60세 이상 △대구/경북, 강원/제주 거주자 △농/임/어업 종사자 △보수 △북한인권 나빠지고 있다 △북한인권 관심이 있다 응답자에서 상대적으로 높음

6-4. 북한인권 관련 이슈에 대한 인지도 여부
   : 정치범수용소

○ 북한 정치범수용소에 대한 국민들의 인지도는 2019년을 제외하고 매년 80% 이상으로 매우 높은 수준을 유지하며 북한인권 문제의 핵심적 의제로 인식돼 오고 있음

○ 2023년 조사에서 정치범수용소를 들어봤거나 알고 있다는 응답은 82.4%로 지난해 83.6%보다 0.8%p 감소한 값을 보임

문] 북한인권과 관련하여 다음 불러드리는 이슈에 대해 알고 있는지, 아니면 처음 듣는 것인지 말씀해 주세요.

: 정치범수용소

(단위: %)

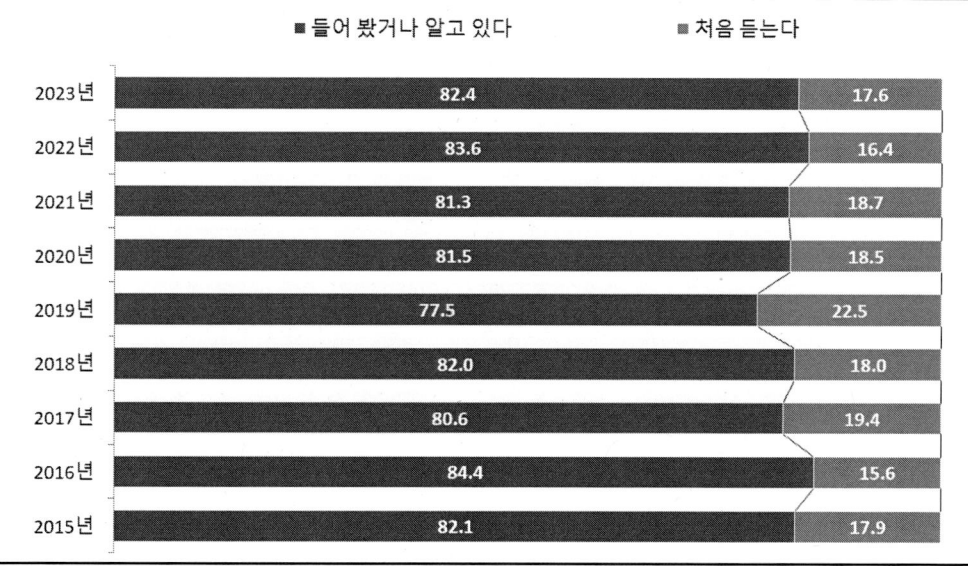

▷ "들어 봤거나 알고 있다"는 응답은 △남자 △60세 이상 △인천/경기 거주자 △자영업 종사사, 생산/기능/노무직 종사자 △북한인권 관심이 있다 응답자에서 상대적으로 높음

6-5. 북한인권 관련 이슈에 대한 인지도 여부
   : 공개처형

○ 공개처형을 들어봤거나 알고 있다는 응답은 92.0%로 2022년 92.6%보다 0.6%p 감소한 값으로, 여전히 북한인권 관련 이슈 중에서 가장 높은 수준의 인지도를 보임

문] 북한인권과 관련하여 다음 불러드리는 이슈에 대해 알고 있는지, 아니면 처음 듣는 것인지 말씀해 주세요.

: 공개처형

(단위: %)

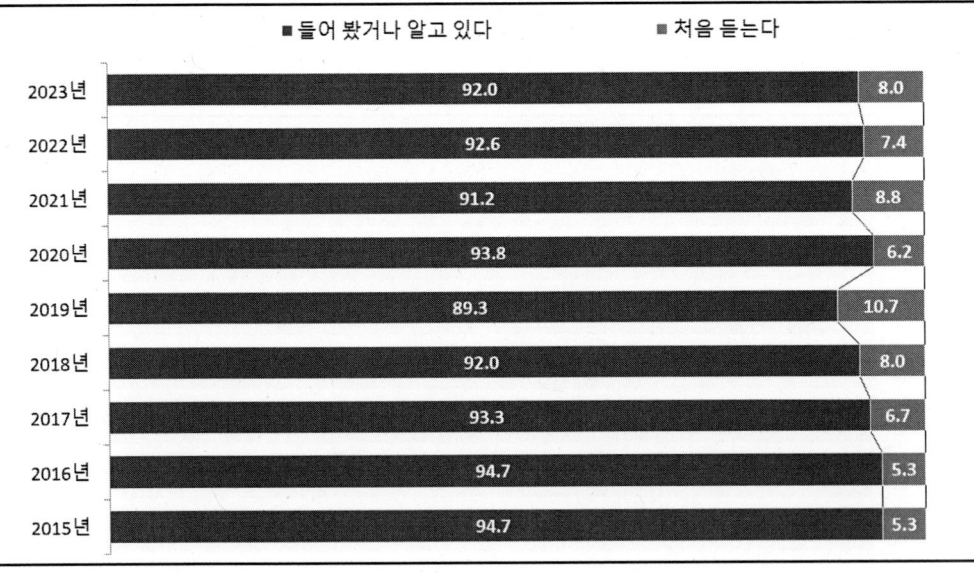

▷ 공개처형에 대해 "들어 봤거나 알고 있다"는 응답은 성별, 연령, 지역, 이념성향을 막론하고 높게 나타남

6-6. 북한인권 관련 이슈에 대한 인지도 여부
: 인신매매

○ 인신매매를 들어봤거나 알고 있다는 응답은 80.3%로 지난해 77.9%에서 2.4%p 증가한 값을 보임

문] 북한인권과 관련하여 다음 불러드리는 이슈에 대해 알고 있는지, 아니면 처음 듣는 것인지 말씀해 주세요.

: 인신매매

(단위: %)

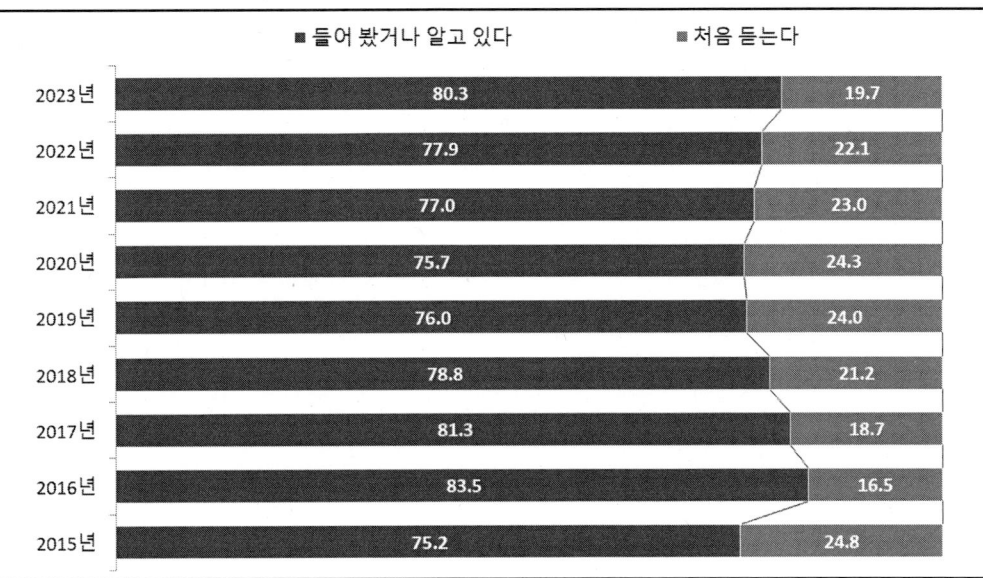

▷ 인신매매에 대해 "들어 봤거나 알고 있다"는 응답은 성별, 연령, 지역, 이념성향을 막론하고 높게 나타남

제3장. 조사 결과

6-7. 북한인권 관련 이슈에 대한 인지도 여부
: 북한인권법

○ 북한인권법을 들어봤거나 알고 있다는 응답은 47.8%, 처음 듣는다는 응답은 52.2%로 나타남

- 발의와 폐기를 반복했던 북한인권법은 11년 만에 여야 합의를 통해 2016년 통과, 시행됨
- 북한인권법에는 북한인권증진자문위원회, 북한인권재단 설립, 북한인권기록센터 등 북한 주민의 인권보호와 증진을 위한 다양한 기구 운영과 활동을 명시하고 있음

○ 북한인권법에 대해 "들어봤거나 알고 있다"는 응답은 지난해 46.0%에서 47.8%로 1.8%p 증가한 값을 보임

○ 해당 인지비율은 북한인권법 제정 이전인 2015년 45.7%의 인지도와 유사하게 높은 비율임

○ 연령별로 보면 60세 이상이 가장 높은 56.1%의 수치를 보였고, 40세~49세가 39.1%로 가장 낮은 수치를 보였음

○ 지난해 새로운 정보 출범을 맞아 북한인권법의 실직적인 집행을 요구하는 목소리가 표출되면서 해당 이슈에 대한 관심이 올해도 동일하게 이어져 오는 걸 확인함.

- 지난해 8월 여당 의원의 주도로 북한인권재단의 조속한 출범을 위한 '북한인권재단 정상화법(북한인권법 일부 개정안)'이 발의됨[3]

---

3) https://www.likms.assembly.go.kr/bill/billDetail.do?billId=PRC_S2R2C0B8M1T6J1L0B2C2F3C1X7F3B8, [2116952] 북한인권법 일부개정법률안(하태경의원 등 11인) (검색일: 2022.11.1.)

제3장. 조사 결과

문] 북한인권과 관련하여 다음 불러드리는 이슈에 대해 알고 있는지, 아니면 처음 듣는 것인지 말씀해 주세요.

: 북한인권법

(단위: %)

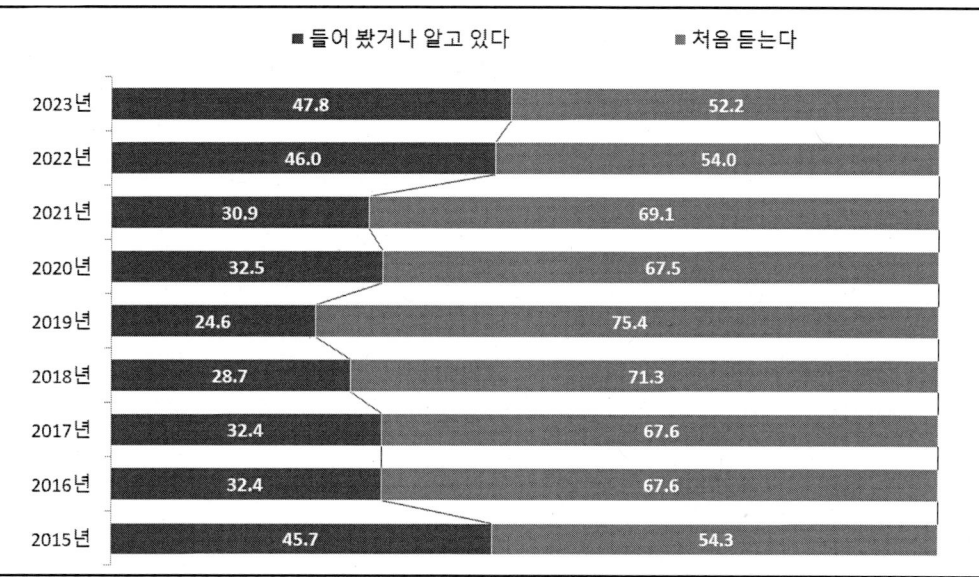

▷ "들어 봤거나 알고 있다"는 응답은 △남자 △60세 이상 △농/임/어업 및 자영업 종사자 △보수 △북한인권 나빠지고 있다 △북한인권 관심이 있다 응답자에서 상대적으로 높음

제3장. 조사 결과

6-8. 북한인권 관련 이슈에 대한 인지도 여부
   : 북한인권재단

○ 북한인권재단을 들어봤거나 알고 있다는 응답은 31.0%로 2022년 31.5%보다 0.5%p 감소한 값을 보임

○ 북한인권재단은 2016년 제정된 북한인권법에 의거 설립·운영돼야 하지만 재단 이사 선임 문제 등으로 인해 여전히 출범하지 못하고 있음

 - 현행 북한인권법에는 북한인권재단 이사 추천권을 통일부 장관(2명), 국회 여야 교섭단체 (각 5명)에 부여했으나 추천 기한이 정해지지 않아 어느 일방이 이사 추천 명단을 제출하지 않으면 재단 출범 및 운영이 불가능한 문제가 발생함. 이러한 문제를 극복하고 북한인권재단을 조속히 출범시키기 위해 북한인권법을 일부 개정하려는 움직임이 현 여당을 중심으로 있음[4]

○ 북한인권재단 설치와 운영은 북한인권법에 명시된 사항임에도 북한인권법에 대한 인지도가 50%에 근접한 수치를 보이는 것과 달리 북한인권재단 이슈는 31%에 머물며 약 15%p 이상의 차이를 보임. 이는 앞서 살펴본 것처럼 북한인권법 내 다수 항목이 제대로 실행되지 못하는 것에 대해 "북한인권법" 자체의 문제와 개정요구로 관심이 이동한 결과로 보임

---

[4] https://www.kukinews.com/newsView/kuk202210310109, 하태경, 북한인권재단 설립과 조사 근거 마련…'북한인권법 개정안' 발의 [법리남] (검색일: 2022.11.2.)

문] 북한인권과 관련하여 다음 불러드리는 이슈에 대해 알고 있는지, 아니면 처음 듣는 것인지 말씀해 주세요.

: 북한인권재단

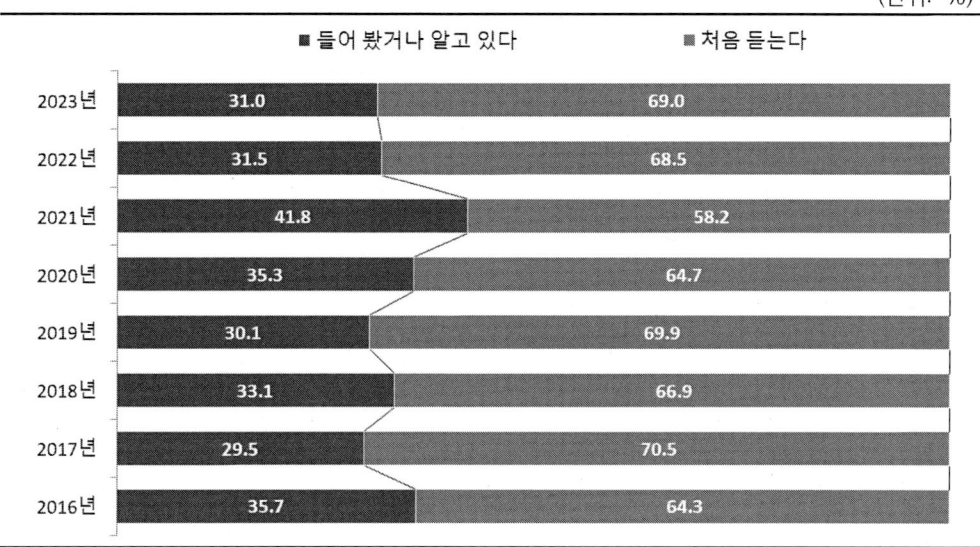

▷ "들어 봤거나 알고 있다"는 응답은 △60세 이상 △광주/전라 및 대구/경북 거주자 △자영업 종사자, 학생 △보수 △북한인권 나빠지고 있다 △북한인권 관심이 있다 응답자에서 상대적으로 높음

6-9. 북한인권 관련 이슈에 대한 인지도 여부
: 북한인권대외직명대사

○ 북한인권법 제9조에서는 북한인권 증진을 위한 국제적 협력을 위해 북한인권대외직명대사(이하 북한인권대사)를 둘 수 있도록 규정하고 있음. 이에 이정훈 초대 북한인권대사가 임명되어 1년간 활동을 했으나 이후 임명되지 못하였다가 2022년 7월 이신화 교수가 2대 북한인권대사로 임명됨

○ 지난 조사에서 북한인권대사 임명을 들어본 적 있는지에 대한 조사항목을 추가하였고, 조사결과 들어봤거나 알고 있었다는 응답은 23.6%, 처음 듣는다는 응답은 76.4%로 나타남. 올해는 북한인권대사를 알고 있는지에 대한 조사를 진행하였고, 알고 있다는 응답이 작년보다 3.2%p 증가한 수치를 보임. 이는 지난해 임명 이후 유엔 인권이사회의 북한 인권 관련 회의 참석을 비롯해 유엔 북한인권특별보고관과의 만남 등 북한인권대사의 활발한 활동에 기인한 결과로 해석됨

○ 이 가운데 올해 10월 줄리 터너 미 국무부 북한인권특사가 취임하며 지난 2017년 1월 로버트 킹 전 특사 퇴임 이후 6년간 중단됐던 북한인권특사 활동이 재개됨. 한국과 미국의 북한인권 공조 체계에 대한 기대감 제고와 더불어 북한인권대사의 활동이 미디어 및 언론에 자주 노출되며 인지도가 증가한 것으로 보임

문] 북한인권과 관련하여 다음 불러드리는 이슈에 대해 알고 있는지, 아니면 처음 듣는 것인지 말씀해 주세요.

: 북한인권대사

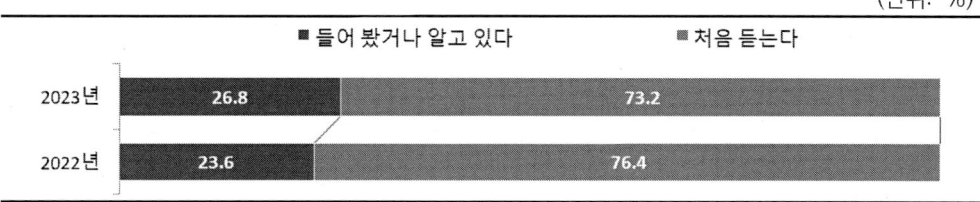

▷ "들어 봤거나 알고 있다"는 응답은 △19~29세 △인천/경기 거주자 △학생 △보수 △북한인권 나빠지고 있다 △북한인권 관심이 있다 응답자에서 상대적으로 높음

제3장. 조사 결과

6-10. 북한인권 관련 이슈에 대한 인지도 여부
  : 법무부 북한인권기록보존소

○ 법무부 북한인권기록보존소를 들어봤거나 알고 있다는 응답은 2022년 19.1%에서 20.7%로 1.6%p 증가하였으나, 북한인권 관련 이슈 중 가장 낮은 인지도를 보임

- 법무부 북한인권기록보존소는 2016년 북한인권법 통과 이후 북한인권법에 근거해 설립·운영되고 있음. 초기 법무부 과천 청사에 있던 북한인권기록보존소는 2018년 법무연수원 용인분원으로 이전·축소되었으나, 올해 북한인권기록보존소 정상화 기치를 내걸며 5년 만에 과천 정부청사로 복귀함[5]

○ 북한인권기록보존소의 인지도가 가장 낮은 것은 소속기관인 법무부의 소극적인 활동 및 홍보 미비로 보임

---

[5] http://www.chosun.com/national/court_law/2023/08/18/MLAY23O47ZEJZOIKFKMLY67TRE/ '5년 만에 과천 복귀' 북한인권기록보존소, 한동훈 "방치하면 안되는 일" (검색일: 2023.11.17.)

문] 북한인권과 관련하여 다음 불러드리는 이슈에 대해 알고 있는지, 아니면 처음 듣는 것인지 말씀해 주세요.

: 법무부 북한인권기록보존소

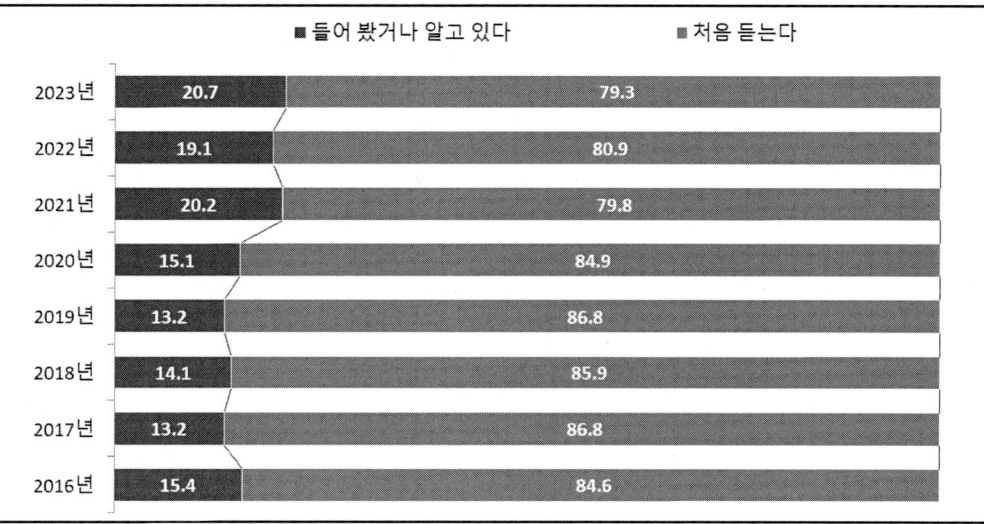

▷ "들어 봤거나 알고 있다"는 응답은 △19~29세 △대전/세종/충청 거주자 △농/임/어업 종사자 △보수 △북한인권 개선되고 있다 응답자에서 상대적으로 높음

6-11. 북한인권 관련 이슈에 대한 인지도 여부
  : 통일부 북한인권기록센터

○ 통일부 북한인권기록센터를 들어봤거나 알고 있다는 응답은 올해 26.8%로 지난해 28.9%에서 2.1%p 감소하였으며 여전히 낮은 인지도를 보임

 - 통일부 북한인권기록센터는 2016년 북한인권법 통과 이후 북한인권법 제13조에 근거해 설립, 운영되고 있음

○ 통일부 북한인권기록센터의 인지도는 10%대를 유지해 오다가 2020년 23%, 2021년 25.4%, 2022년 28.9%로 인지도가 소폭 상승하였으나, 올해 북한인권보고서 공개 발간에도 불구하고 인지도는 26.8%로 감소함

○ 북한인권기록센터는 통일부의 국장급 단위 조직으로 6년째 운영되고 있으나, 전반적으로 정부기관으로서의 존재감이 약한 상태임

문] 북한인권과 관련하여 다음 불러드리는 이슈에 대해 알고 있는지, 아니면 처음 듣는 것인지 말씀해 주세요.

: 통일부 북한인권기록센터

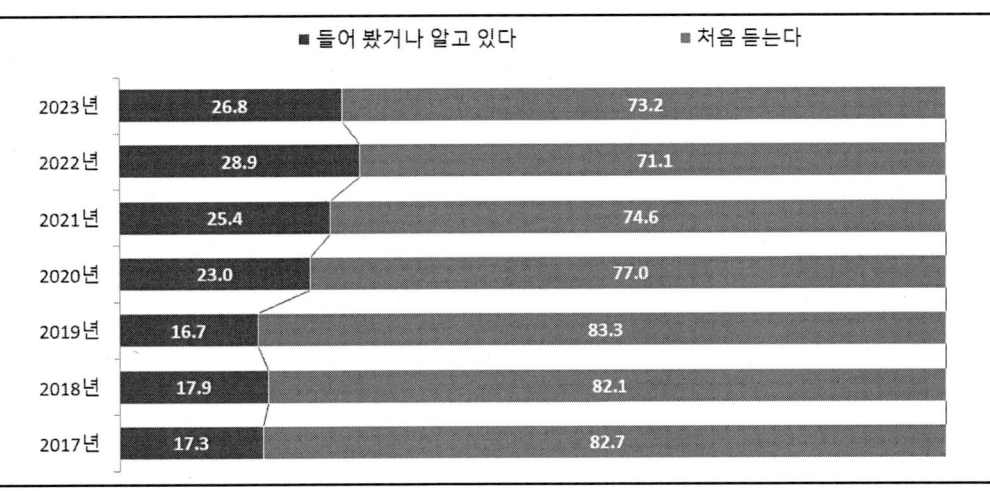

▷ "들어 봤거나 알고 있다"는 응답은 △19~29세 △대전/세종/충청 △학생 △보수 △북한인권 개선 가능성이 있다 △ 북한인권 관심이 있다 응답자에서 상대적으로 높음

6-12. 북한인권 관련 이슈에 대한 인지도 여부
: 탈북어민 북송사건

○ 탈북어민 북송사건은 2019년 해경에 나포된 후 선상 살인 후 남측으로 도주한 것으로 알려진 탈북 남성 선원 2명을 정부가 판문점을 통해 본인들 의사에 반하여 강제 북송한 사건임

- 탈북 남성 선원 2명은 2일간 조사과정을 거친 후 정부의 귀순 의사의 진정성이 없다는 판단 아래 북송당함
- 2019년 강제북송 당시 북한인권정보센터는 해당 사건에 대한 검토와 재발방지를 위한 국회세미나 등을 진행하고, 이후 2021년 정부로 인한 북한인권 침해에 대응하기 위한 북한인권침해지원센터를 공식 설립
- 2022년 국정원의 관계자 고발, NKDB 북한인권침해지원센터의 관계자 고발, 통일부 대변인의 과거 입장번복으로 이슈화

○ 탈북어민 북송사건에 대해 들어보거나 알고 있는지를 질문한 결과 응답자의 85.3%가 알고 있다고 응답하였으며, 지난해 87.8%에서 2.5%p 감소한 결과 값을 보임

- 북한인권과 관련한 다수의 이슈에서 19세~29세 연령대 인지도는 72.4%로 다른 연령대에 비해 낮게 나타남

○ 또한, 탈북어민 북송이 적절하였는지에 대해 질문한 결과 적절했다는 응답은 33.3%(매우 9.7 + 대체로 23.6), 적절하지 않았다는 응답은 56.0%(별로 29.9 + 전혀 26.1)로 과반수 이상은 북송이 적절하지 않다고 인식함

- 모름, 무응답은 10.7%로 나타남
- 진보 성향 응답자 중 적절했다 49.2%, 적절하지 않았다 40.0%로, 중도 성향 응답자는 적절했다 33.4%, 적절하지 않았다 52.8%로 나타남. 보수 성향 응답자의 19.4%는 적절했다, 73.7%는 적절하지 않았다고 응답

문] 북한인권과 관련하여 다음 불러드리는 이슈에 대해 알고 있는지, 아니면 처음 듣는 것인지 말씀해 주세요.

: 탈북어민 북송사건

(단위: %)

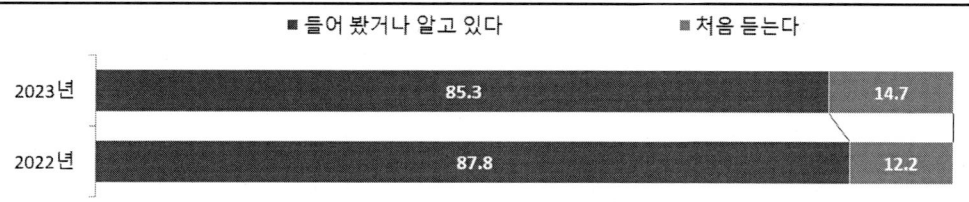

문] 탈북어민 2명을 북송한 것이 적절하였다고 보십니까, 적절하지 않았다고 보십니까?

(단위: %)

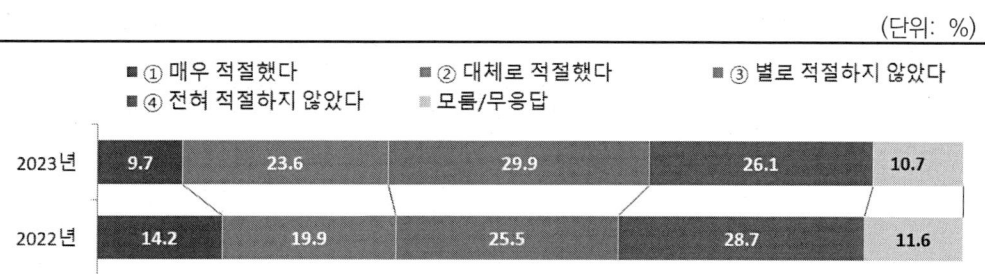

▷ 성별, 연령, 지역, 이념성향의 구분 없이 탈북어민 북송사건을 "들어 봤거나 알고 있다"는 응답 비율이 타 항목 대비 높으며, 특히 △60대 이상 △농/임/어업, 자영업 종사자 응답자에서는 90%를 상회함

7. 통일부 북한인권기록센터 운영 성과 만족도

○ 정부 차원의 북한인권 기록을 위해 설립된 통일부 북한인권기록센터를 들어봤거나 알고 있다고 응답한 대상에게 북한인권기록센터의 운영에 대한 만족여부를 조사한 결과 54.8%는 "만족하지 않는다"(전혀 16.0%+ 별로 38.8%)고 응답했고, "만족한다"는 응답은 27.3%(매우 1.9%+대체로 25.4%)로 나타남

○ 2022년과 비교하면 만족한다는 응답은 26.3%에서 27.3%로 1.0%p 증가하였고, 만족하지 않는다는 응답은 52.6%에서 54.8%로 2.2%p 증가함

- 북한인권법 제13조에 명시된 기록센터의 역할은 북한주민 인권실태, 국군포로·납북자·이산가족 관련 사항, 그밖에 통일부장관이 필요하다 인정한 사항 등의 수행·조사·연구·발간 등임

- 올해 3월 통일부 북한인권기록센터는 북한인권보고서를 처음으로 공개 발간[6]하였으나 운영 성과 만족도에 큰 영향을 미치지 못하였다는 것을 보여줌

- 전반적으로 북한인권기록센터 운영 성과에 불만족한다는 응답이 과반수 이상을 차지하며 북한인권기록센터 역할에 대한 기대가 충족되지 못하고 있음을 보여줌

○ 북한인권법 통과로 통일부 북한인권기록센터, 법무부의 북한인권기록보존소 등 정부 공식 부서가 만들어졌으나, 북한인권재단의 출범 지연, 북한인권 기록 활동과 성과 공유 미흡[7][8] 등으로 운영성과는 여전히 비판적 평가를 받고 있음

---

[6] http://www.imnews.imbc.com/news/2923/politics/article/6468268_36119.html 통일부, 북한인권보고서 31일 첫 공개 발간..약 3백쪽 분량 (검색일: 2023.11.17.)
[7] 2020년 9월 통일부는 북한인권기록센터가 연내 처음으로 북한 인권 관련 공개보고서를 발간하기 위해 준비 중이라고 밝혔다가, 이틀 만에 '확정된 것이 없다'고 입장을 바꾼 바 있다. https://www.yna.co.kr/view/AKR20201008194100504?input=1195m 이인영 "북한 인권, 남북관계 개선·증진 측면도 고려돼야" (검색일: 2020.12.12.)
[8] 2021년 4월 통일부는 북한인권실태보고서를 공개하기 전 조사내용의 공신력을 확보해야 한다는 이유로 공개 결정을 또다시 유보하면서 4년째 북한인권기록센터에서의 보고서가 발간되지 않고 있다. https://www.mk.co.kr/news/politics/view/2021/04/410195/ 4년째 北인권실태 공개 안하는 통일부 (검색일: 2021.11.12.)

제3장. 조사 결과

문] 2016년 북한인권법 통과 이후 통일부의 북한인권 기록을 위한 북한인권기록센터 운영 성과에 대해 만족하십니까?

(단위: %)

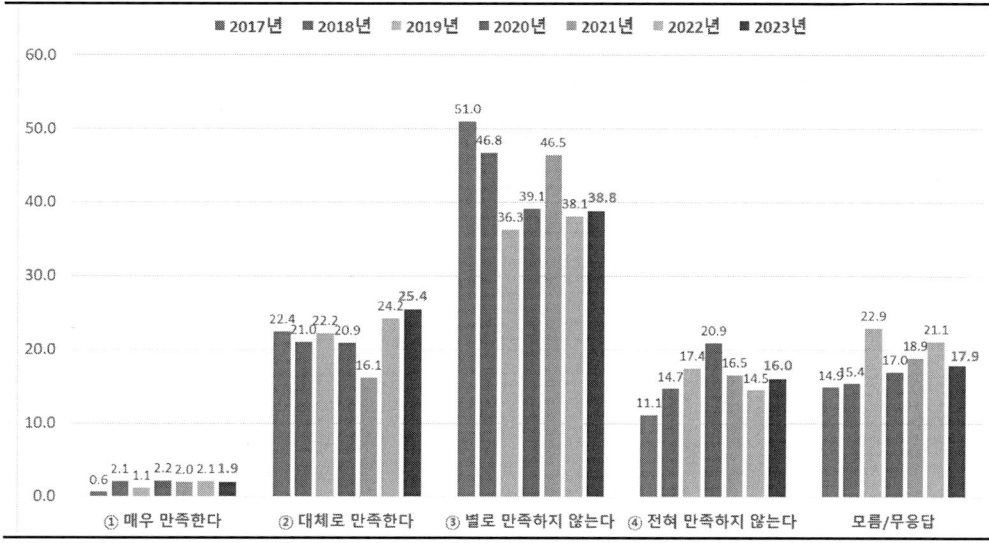

▷ "만족한다"는 응답은 △광주/전라 거주자 △농/임/어업, 생산/기능/노무직 종사자 △보수 △북한인권 개선되고 있다 △북한인권 개선 가능성 있다 △인권단체 도움이 된다 응답자에서 상대적으로 높음

8. 법무부 북한인권기록보존소 운영 성과 만족도

○ 법무부 북한인권기록보존소를 들어봤거나 알고 있다고 응답한 대상에게 북한인권기록보존소의 운영에 대한 만족여부를 조사한 결과 54.5%는 "만족하지 않는다"(전혀 18.8%+별로 35.7%)고 응답했고, "만족한다"는 응답은 32.4%(매우 3.4%+대체로 29.0%)로 응답함

- 2023년 만족한다는 비율은 27.2%에서 5.2%p 증가한 32.4%로 통일부 북한인권기록센터보다 운영 성과에 대한 만족 비율이 더 큰 폭으로 증가함

○ 법무부 북한인권기록보존소가 지난 2018년 법무연수원 분원(용인)으로 이전된 지 5년 만에 올해 8월 정부 과천청사로 이전하며, 북한인권기록보존소의 정상화에 대한 기대가 반영된 결과로 보임

○ 민간단체인 북한인권정보센터(NKDB) 부설 북한인권기록보존소는 2007년 설립 이래 현재까지 동일 명칭으로 운영되고 있으며, 약 13만 건에 달하는 북한인권 사건 정보와 인물 정보를 자체 개발한 「NKDB 통합인권DB」에 축적해 매년 「북한인권백서」와 「북한종교자유백서」 등을 발간해오고 있음

- 그러나 2020년 초부터 2022년까지 이어진 정부의 민간단체 하나원 북한인권 실태조사 불허에 의해 북한인권정보센터가 매년 발간해오던 「북한인권백서」와 「북한종교자유백서」는 2021년 처음으로 발간이 무산된 채 현재까지 중단상태에 있음. 올해 3년 만에 민간단체 하나원 북한인권 실태조사가 재개됨

- 전 법무부 북한인권기록보존소 소장이 2020년 민간단체인 북한인권정보센터(NKDB)의 북한인권기록보존소 소장으로 취임하며 민간영역에서의 활동에 적극 나설 것을 피력함[9]

---

9) https://www.rfa.org/korean/in_focus/human_rights_defector/ne-my-11022020062223.html, 'NKDB 북인권보존소장 "인권기록 목적은 북 당국 인권범죄 심판"' (검색일: 2020.12.12.)

문] 2016년 북한인권법 통과 이후 법무부의 북한인권기록보존소 운영 성과에 대해 만족하십니까?

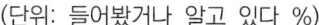
(단위: 들어봤거나 알고 있다 %)

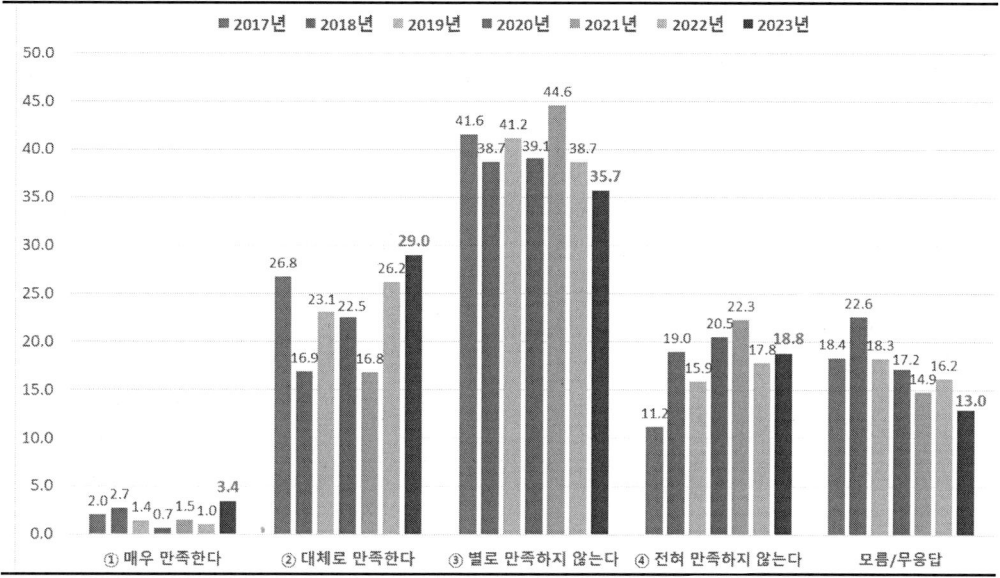

▷ "만족한다"는 응답은 △50~59세 △광주/전라, 강원/제주 거주자 △농/임/어업, 생산/기능/노무직 종사자 △보수 △북한인권 개선되고 있다 △인권단체 도움이 된다 응답자에서 상대적으로 높음

9. 북한인권 피해 조사기록 진행 주체 적절성

○ 본 문항은 2020년 국정감사에서 북한인권 피해 조사 및 기록과 관련한 정부와 민간의 갈등이 공개되면서 추가된 문항임

- 2020년 외교통일위원회 국정감사에서는 민간단체인 북한인권정보센터가 20여 년간 지속해오던 하나원 북한인권 실태조사를 정부가 일방적으로 중단한 것과 관련, 사실과 다른 주장이 제기되고 증인 출석마저 거부되면서 갈등이 고조된 바 있음

- 현재 북한인권 실태조사는 북한인권법 통과 이후 통일부 북한인권기록센터에서 주무로 담당하고 있으며, 올해 처음으로 북한인권보고서가 공개 발간됨

○ 기존 "국제기구 단독으로" 항목이 삭제되고 "할 필요 없다"가 신설됨. 올해 북한인권 피해 조사기록 활동을 할 필요 없다는 응답은 6.8%로 나타남

○ 북한인권 피해를 조사, 기록하는 활동이 어떻게 진행되는 것이 적절한지에 대한 질문에 대해 올해 처음으로 "정부와 민간기관이 협력해야 한다"는 응답이 80%에 가까운 수치로 가장 높게 나타남

- 국민의 대다수는 북한인권 피해에 대한 기록 조사를 민관이 상호 협력하에 진행함으로써 실질적이고 효과적인 결과를 가져올 수 있을 것으로 기대하고 있음

○ 지난해와 비교하면 민간이 단독으로 진행해야 한다는 응답은 0.4%p 감소하였고, 정부와 민간이 협력해야 한다는 응답은 10.6%p, 정부기관이 단독으로 진행해야 한다는 응답은 4.1%p 증가한 값을 보임

○ 민관이 협력해야 한다는 응답은 정치성향과 무관하게 75% 이상의 높은 수치를 보임 (진보 83.1%, 중도 78.5%, 보수 73.8%).

문] 선생님께서는 북한인권 피해를 조사 및 기록하는 활동을 어떻게 진행하는 것이 적절하다고 생각하십니까?

(단위: %)

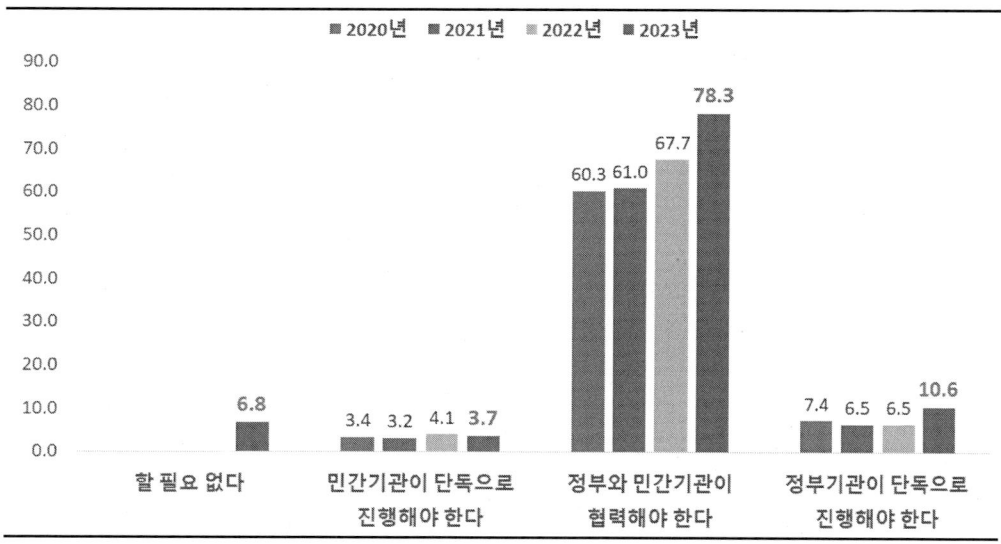

▷ "정부와 민간기관이 협력해야 한다"는 응답은 △50~59세 △인천/경기, 광주/전라 거주자 △농/임/어업 종사자 및 생산/기능/노무직 종사자 △진보 △북한인권 개선 가능성 있다 △북한인권 관심이 있다 △북한인권 개입해야 한다 △인권단체 도움이 된다 응답자에서 상대적으로 높음

10. 북한인권박물관 건립 및 운영 주체 적절성

○ 지난 2016년 한국 정부는 북한 주민들의 인권실태를 객관적이고 직관적으로 알릴 수 있는 북한인권박물관 설립을 추진하며 이듬해 통일부도 북한인권박물관 설치·운영 추진계획 연구용역까지 마친 뒤, 2019년까지 박물관 설립 계획을 발표한 바 있음. 그러나 정권교체와 함께 2018년 예산 편성 시 북한인권박물관 건립 관련 예산이 반영되지 않으며 북한인권박물관 건립이 보류됨

 - 최근 북한 인권 문제를 강조하는 정부가 출범하며 통일부 또한, 최초로 북한인권보고서를 발간하고 북한인권 개선 사업에 대한 예산을 증액하며 국제사회와의 공조 속에 북한인권 개선에 앞장서겠다는 입장을 내놓음

 - 올해 8월 통일부는 북한인권 문제를 연구하고 관련 내용을 전시, 체험하고 공론화하는 거점으로 기능할 '국립북한인권센터'를 2026년 개방을 목표로 건립하겠다는 계획[10]을 내비침. 이에 민간에서는 정권교체에 따른 북한 인권 이슈의 극심한 부침 발생 우려와 박물관의 독립성 및 안전성을 유지하기 위해 기획 및 운영은 민간을 중심으로 한 민관 공동관리체계 형태가 되어야 한다며 민관협력을 촉구함[11]

○ 이에 올해 조사에는 북한인권박물관 건립 및 운영을 어떻게 해야 하는지에 대한 조사 항목을 신설하였음. 그 결과, "정부와 민간기관이 협력해야 한다"는 응답이 67.4%로 가장 높은 수치를 보임. "정부기관이 단독으로 진행해야 한다"는 10.9%, "민간기관이 단독으로 진행해야 한다"는 응답은 4.4%로 나타남

○ "할 필요 없다"는 응답이 16.7%로 민관이 협력해야 한다는 응답 다음으로 높은 결과를 보임. 앞서 북한인권 피해 조사기록 활동에 대해 "할 필요 없다"라고 6.8%가 응답한 결과와 비교할 때 북한인권박물관 건립과 북한 인권개선의 연계성에 대한 국민 인식이 낮은 수준에 머무르고 있음을 보여줌

---

10) http://khan.co.kr/politics/assembly/article/202308302117015, 역대급 예산 삭감에도…104억 들여 짓는 '국립북한인권센터' (2023. 11. 17. 검색)
11) http://goodnews1.com/news/aticleView.html?dxno=427475, 북한인권박물관 두고 민-관 '엇박자' 논란 (2023. 11. 17. 검색)

문] 선생님께서는 북한인권박물관 건립 및 운영을 어떻게 진행하는 것이 적절하다고 생각하십니까?

(단위: %)

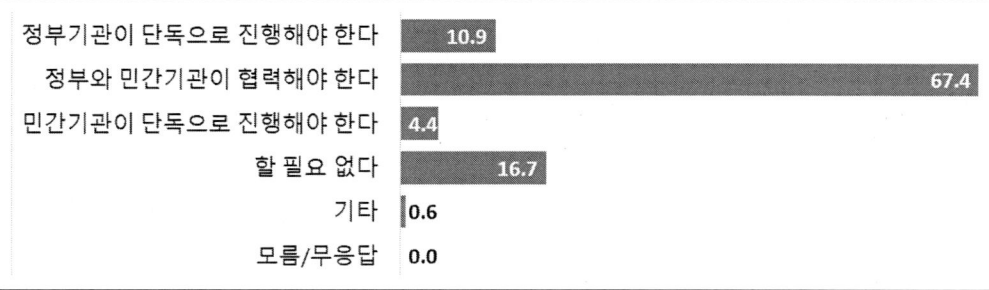

▷ "정부와 민간기관이 협력해야 한다"는 응답은 △60세 이상 △인천/경기 거주자 △농/임/어업 종사자 및 무직/퇴직/기타 △가구소득 301~400만원 이하 △북한인권 개선되고 있다 △북한인권 관심이 있다 △북한인권 개입해야 한다 △인권단체 도움이 된다 응답자에서 상대적으로 높음

▷ "할 필요 없다"는 응답은 △19~29세 △대전/세종/충청 거주자 △주부 △북한인권 관심이 없다 △북한인권 심각하지 않다 △북한인권 간섭해서는 안된다 △인권단체 도움 안 된다 응답자에서 상대적으로 높음

11. 북한인권 개입 여부에 대한 입장

○ 북한인권과 관련한 주장에 대해 응답자의 64.0%가 "보편적 인권 차원에서 적극적으로 개입해야 한다"고 응답한 반면, 36.0%는 "북한인권 문제는 북한 내부의 문제이므로 간섭해서는 안 된다"고 응답함

○ "간섭해서는 안 된다"는 응답은 2022년(30.8%)에 비해 5.2%p 증가, "보편적 인권차원에서 적극적으로 개입해야 한다"는 응답은 2022년(69.2%)에 비해 5.2%p 감소함

 - 북한인권에 대한 개입문제 역시 정치성향과 무관하게 60% 이상이 보편적 차원에서 적극 개입을 지지하는 것으로 나타남.(진보 61.9%, 중도 61.9%, 보수 68.7%)

 - 연령별로 살펴보면 보편적 차원에서 적극 개입해야 한다는 의견을 보인 비율이 40대 이하는 50%대 중후반(19세~29세 54.5%, 30대 57.9%, 40대 57.1%)인 반면, 50대 이상은 65%를 상회하는 것(50대 68.5%, 60대 이상 72.4%)으로 집계됨

○ 국제사회의 북한인권 문제제기에 북한 정권은 내부간섭이라며 반발하고 있으나, 우리 국민의 60% 이상은 보편적 인권 차원에서 적극적으로 북한인권 문제를 해결해야 한다고 인식하고 있음

문] 선생님께서는 북한인권과 관련해 다음 중 어떤 입장이십니까?

(단위: %)

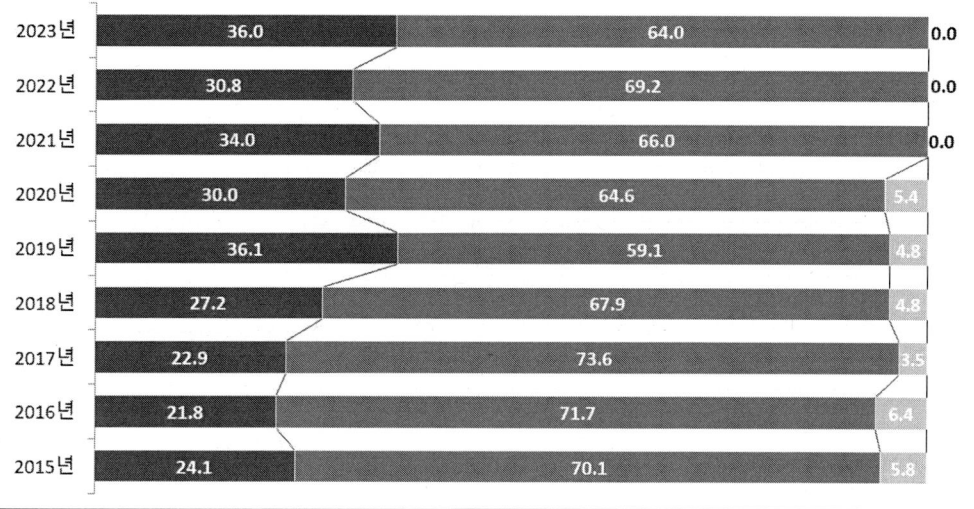

▷ "보편적 인권 차원에서 적극적으로 개입하여야 한다"는 응답은 △남자 △60세 이상 △광주/전라 거주자 △자영업 종사자 및 무직/퇴직/기타 △보수 △진보 △북한인권 나빠지고 있다 △북한인권 관심이 있다 △인권단체 도움이 된다 응답자에서 상대적으로 높음

▷ "북한인권 문제는 북한 내부 문제이므로 간섭해서는 안 된다"는 응답은 △19~29세 △고등학교 졸업 이하 △농/임/어업 및 생산/기능/노무직 종사자 △가구소득 201~300만원 이하 △북한인권 개선되고 있다 △북한인권 관심이 없다 △북한인권 심각하지 않다 △인권단체 도움 안 된다 응답자에서 상대적으로 높음

12. 북한인권법의 북한인권 개선 효과에 대한 입장

○ 북한인권법 제정에 따른 북한인권 개선 효과에 대해 응답자의 65.7%는 "효과가 없을 것"(전혀 12.9%+별로 52.8%)이라고 응답한 반면, 34.3%는 "효과가 있을 것"(매우 5.4%+대체로 28.9%)이라고 응답함

○ "효과가 있을 것"이라는 응답은 남북관계의 개선에 대한 기대가 고조됐던 2018년 (45.6%)에 가장 높은 비율을 보였으나, 2019년 39.5%, 2020년 37.9%, 2021년 31.0%로 지속적으로 감소함. "효과가 없을 것"이라는 응답은 2019년 53.2%, 2020년 58.4%, 2021년 69.0%로 큰 증가세를 보임

○ 2018년 남북관계 개선과 함께 북한인권법이 북한인권 개선에 기여할 것으로 기대했으나, 해당 법안이 제대로 이행되지 않으며 향후에도 북한인권 개선을 위해 작동할 가능성이 낮다고 판단한 것으로 보임

문] 북한인권법이 북한인권 개선에 효과가 있을 것이라고 생각하십니까? 없을 것이라고 생각하십니까?

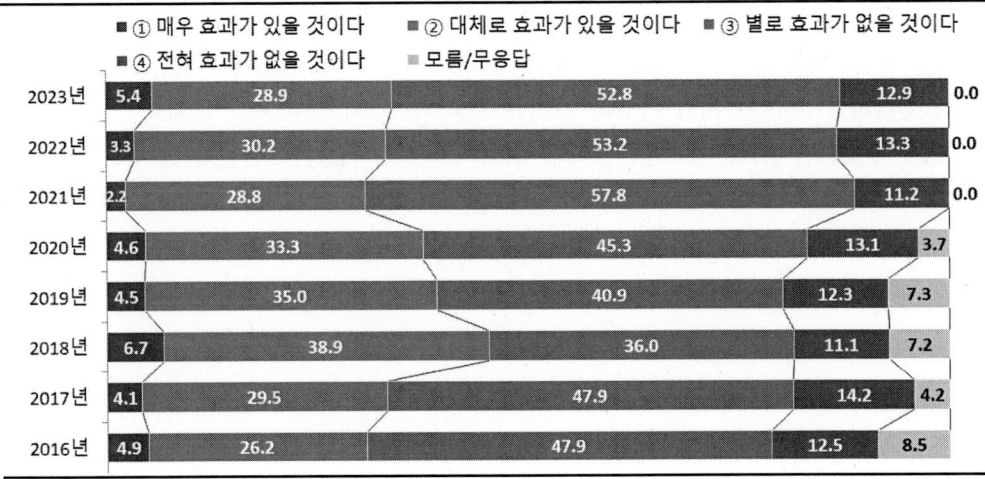

13. 북한인권 개선을 위해 우선적으로 해야 할 사항

○ 북한인권 개선을 위해 가장 우선적으로 해야 할 일은 "국제사회의 공조를 통한 압박"이 응답자 44.4%의 선택을 받으며 가장 높게 나타남

 - 다음으로 "꾸준한 대화를 통한 개선촉구 및 지원"(27.5%), "국제사회의 대북지원 확대 및 활성화"(14.6%), "북한인권 피해 기록 및 홍보"(11.3%) 순으로 나타남

○ 2022년 결과와 비교하면 "꾸준한 대화를 통한 개선촉구 및 지원"은 1.8%p 증가하였고, 그 외 다른 항목은 0.1%p~1.2%p 감소하였음

○ 현재까지 북한인권 개선을 위한 우선적 방법은 "국제사회의 공조를 통한 압박"이 가장 높게 나타나고 있으며, 다음으로 "대화와 지원 중심"이라는 두 가지 방법이 함께 선호되고 있음

○ 2018년 정부 주도로 이루어진 남북대화를 통한 개선촉구나 지원은 일정부분 한계를 가지고 있음을 인식하고, 국제사회 규범 안에서 북한인권 개선을 유도하는 것이 합리적이라고 다수의 국민이 인식하고 있음

문] 북한인권 개선을 위해 가장 우선적으로 해야 할 일이 무엇이라고 생각하십니까?

(단위: %)

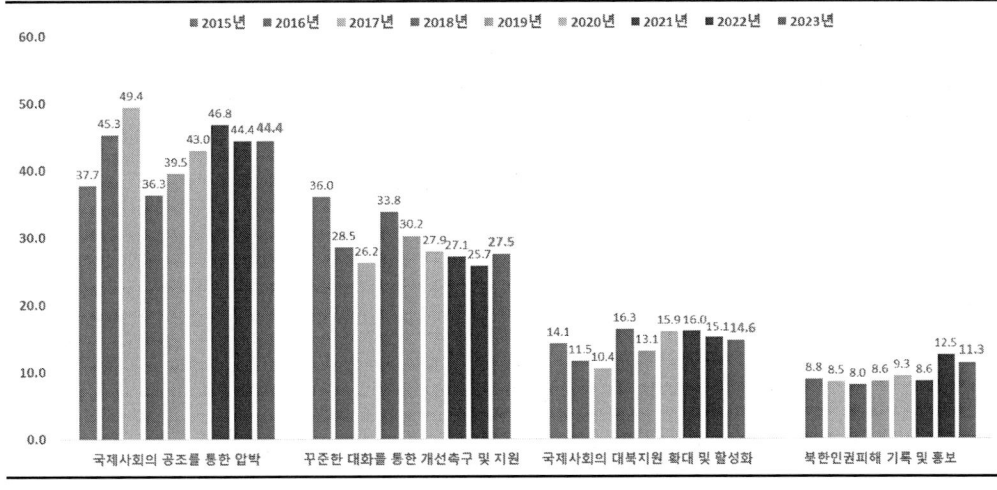

제3장. 조사 결과

▷ 북한인권 개선을 위해 "국제사회의 공조를 통한 압박"이 필요하다는 응답은 △대구/경북, 강원/제주 거주자 △농/임/어업 종사자 △보수 △북한인권 나빠지고 있다 응답자에서 상대적으로 높음

▷ 북한인권 개선을 위해 "꾸준한 대화를 통한 개선촉구 및 지원"이 필요하다는 응답은 △50~59세 △대전/세종/충청, 광주/전라 거주자 △주부, 학생, 무직/퇴직/기타 △진보 △북한인권 개선되고 있다 △북한인권 개선 가능성이 있다 △북한인권 심각하지 않다 응답자에서 상대적으로 높음

문] 북한인권 개선을 위해 가장 우선적으로 해야 할 일이 무엇이라고 생각하십니까?

(단위: %)

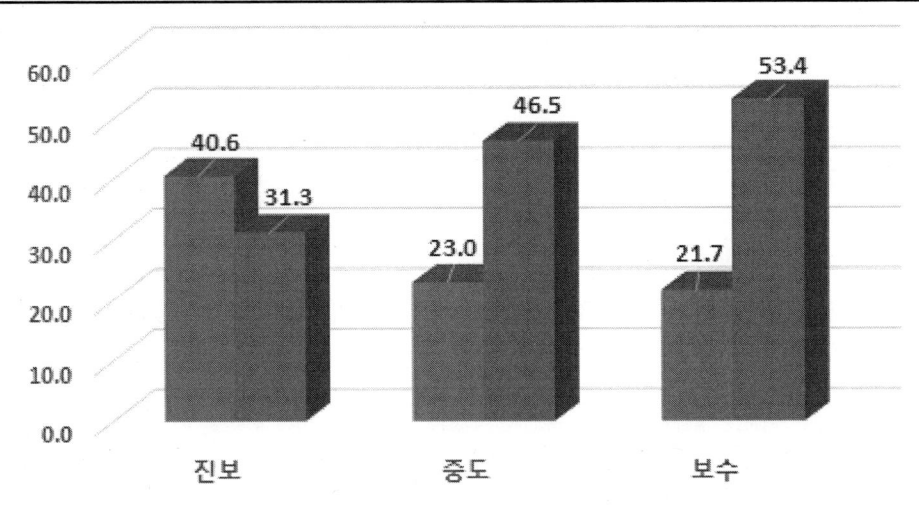

- 진보성향 응답자의 경우 "꾸준한 대화를 통한 개선촉구 및 지원"(40.6%)과 "국제사회의 공조를 통한 압박"(31.3%)에 대한 정책 선호도가 유사한 수준으로 나타나고 있으며, 이는 지속적인 대화 정책만으로는 북한인권 개선에 한계가 있음을 인지하는 것으로 풀이됨

14. 북한인권 개선을 위해 북한인권 단체가 우선적으로 해야 할 역할

○ 북한인권 개선을 위해 북한인권 단체가 가장 우선해야 할 역할로 응답자의 48.9%가 "북한인권 상황 기록 및 피해상황에 대한 국내외 홍보활동"을 선택하며 가장 높은 수치를 보였으며, "김정은 국제형사재판소 제소 등 국제적, 정치적 활동"이 25.7%로 그 뒤를 이음

- 다음으로 "대북방송 등을 통한 북한 주민 의식교육"(17.1%), "대북지원"(6.3%) 순으로 나타남.

○ 2022년 결과와 비교하면 "북한인권 상황 기록 및 피해 상황에 대한 국내외 홍보활동"(-0.5%p), "대북지원"(-1.5%p)에 대한 응답은 소폭 감소하였으나, "대북방송 등을 통한 북한 주민 의식교육"(+1.9%p)에 대한 응답은 소폭 증가함

문] 북한인권 개선을 위해 북한인권 단체가 가장 우선해야 할 역할은 무엇이라고 생각하십니까?

(단위: %)

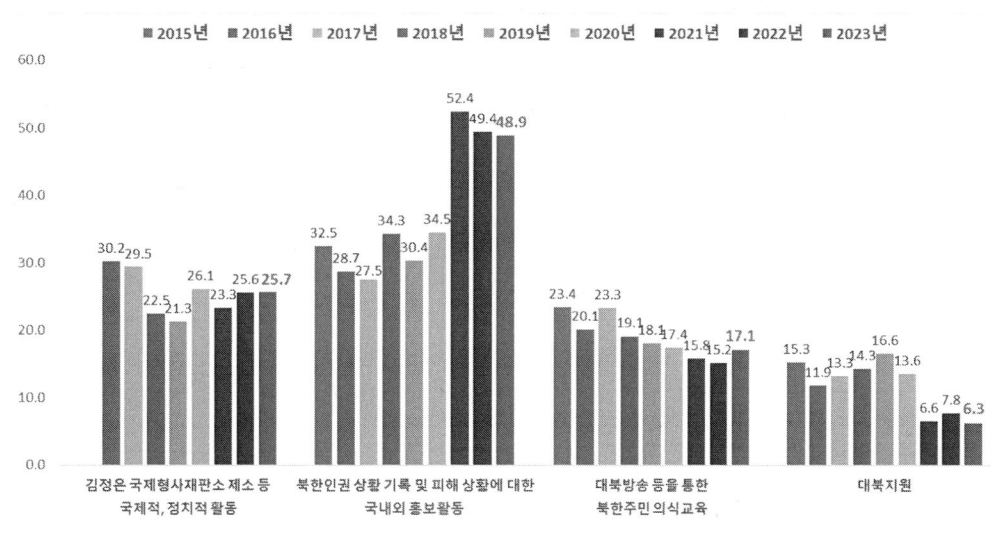

제3장. 조사 결과

▷ 북한인권 개선을 위해 북한인권단체가 "북한인권 상황 기록 및 피해상황에 대한 국내외 홍보활동"을 우선해야 한다는 응답은 △50세 이상 △인천/경기, 광주/전라 거주자 △생산/기능/노무직 종사자, 주부 및 무직/퇴직/기타 △가구소득 401~500만원 △진보 △북한인권 나빠지고 있다 △북한인권 관심이 있다 △북한인권 개입해야 한다 응답자에서 상대적으로 높음

▷ 북한인권 개선을 위해 북한인권단체가 "김정은 국제형사재판소 제소 등 국제적, 정치적 활동"을 우선해야 한다는 응답은 △30~39세 △부산/울산/경남, 강원/제주 거주자 △농/임/어업 종사자 △가구소득 200만원 이하 △북한인권 관심이 없다 응답자에서 상대적으로 높음

15. 북한인권 개선을 위한 북한인권 단체 활동의 필요성[종합]

○ 북한인권 개선을 위한 북한인권 단체 활동 중 "북한인권 피해 기록 및 보관"과 "국내외 세미나 등 인권상황 홍보", "북한인권법 시행 등 제도적 준비" 등은 매년 70% 이상의 국민 지지를 받는 주요 활동들임

○ 2023년 조사 결과 응답자의 79.2%가 "국내외 세미나 등 인권상황 홍보"를 북한인권 단체에게 필요한 활동으로 꼽았음. 다음으로 "북한인권 피해 기록 및 보관"(78.9%) "북한인권법 시행 등 제도적 준비"(74.2%)가 그 뒤를 이음

- 북한인권법이 제정된 지 이미 7년을 넘기고 있으나, 법에 규정된 북한인권재단 설립 및 운영 등 다수의 조항이 시행되지 못하고 있음에 따라 국민들은 북한인권법 시행의 필요성을 지속적으로 제기하고 있음. 지난해 8월 북한인권재단 출범의 촉진을 목적으로 하는 '북한인권재단 정상화법(북한인권법 일부 개정안)'이 발의되었음에도 현재까지 야당에서 이사 추천이 진행되지 않아 재단 출범이 불투명한 상황[12]임.

- 북한인권 문제에 대한 과거청산 준비와 북한인권 피해 기록 및 보관을 지지하는 비율은 지난해 70.4%, 84.9%에서 각각 6.5%p, 6.0%p 감소하며 큰 감소 폭을 보임.

○ 다음으로 "대북인권방송을 통한 북한 주민 의식교육"(68.8%), "북한인권 문제에 대한 과거청산 준비"(63.9%), , "의료지원, 식량지원 등 대북지원"(61.4%), "대북전단 살포"(47.3%) 등의 순서임

- 대북전단 살포를 지지하는 비율은 지난해 43.5%에서 47.3%로 3.8%p 증가한 수치를 보임. 올해 다른 활동들을 지지하는 비율이 모두 감소하였다는 점을 고려할 때 대북전단 살포 지지율이 증가한 것은 유의미한 결과임. 이는 올해 9월 접경지역에서의 대북전단 살포를 규제하는 '대북전단 금지법'이 제정 2년 9개월 만에 헌법재판소에서 위헌 결정을 받은 영향으로 인한 것으로 풀이됨

○ 한편, "대북전단 살포"를 제외한 모든 문항에서 북한인권 단체 활동이 필요하다는 응답은 60% 이상으로 북한인권 개선을 위한 활동의 필요성에 과반수가 공감하고 있음

---

[12] http://chosun.com/politics/assembly/2023/09/01/4R2H7JT3GJGG5DBVA3M7TIBBSU/, 7년째 시간 더 달라는 野…북한인권재단 또 출범 못할 판 (2023. 11. 17. 검색)

제3장. 조사 결과

문] 북한인권 개선을 위한 북한인권 단체 활동에 대해 필요한 것인지 아니면 필요하지 않은 것인지 말씀해 주십시오.

(단위: 필요하다(매우+대체로) %)

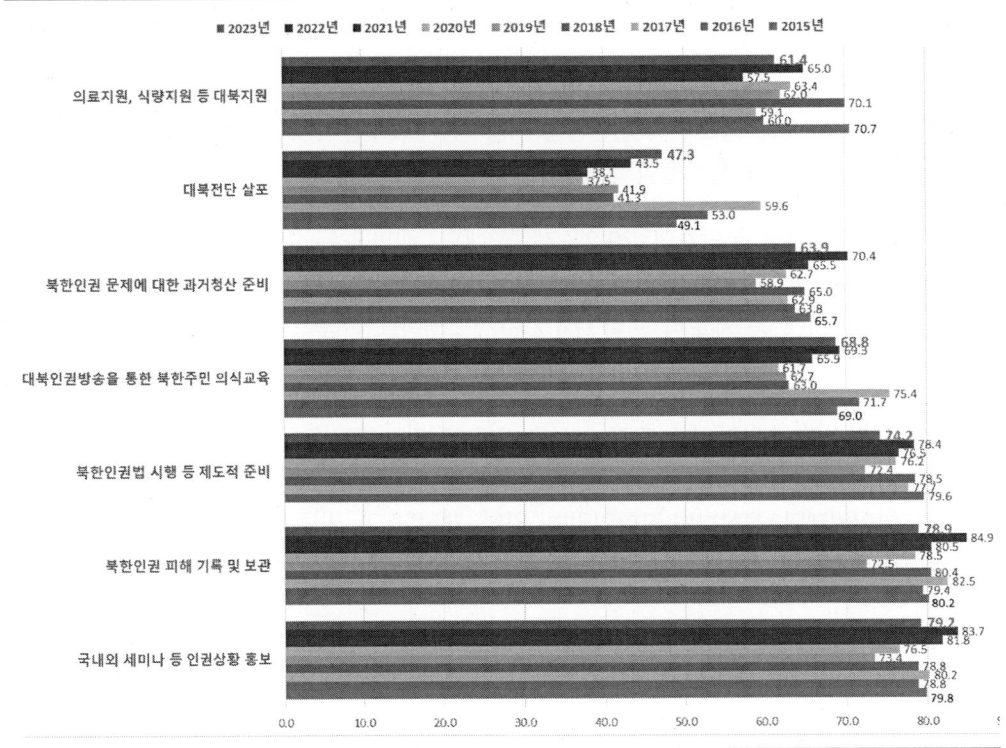

15-1. 대북전단 살포

○ 북한인권 개선을 위한 북한인권 단체 활동 중 대북전단 살포에 대해 응답자의 47.3%는 "필요하다"(매우 12.9%+대체로 34.4%)고 응답한 반면, 52.7%는 "필요하지 않다"(전혀 15.0%+별로 37.7%)고 응답함

- "대북전단 살포가 필요하다"는 응답은 2022년(43.5%)에 비해 3.8%p 증가했으며, 2018년 50% 미만의 응답률로 급감한 이후 매해 점진적으로 증가하고 있음

- 보수 성향 응답자의 63.6%는 대북전단 살포가 "필요하다"고 답한 반면 진보 성향 응답자는 32.7%만 "필요하다"고 답해 이념성향에 따른 견해 차이가 여전히 뚜렷함. 한편, 보수(5.8%p▲)는 물론 중도(4.7%p▲)와 진보(2.2%p▲) 성향의 응답자에서도 "필요하다"고 답변한 비율이 2022년 대비 늘어남

○ 2020년 12월 한국의 전 정부와 당시 여당은 정기국회에서 접경지역에서의 대북 전단 살포와 확성기 방송 등을 금지하는 '대북전단금지법(남북관계발전법 개정안)'을 단독으로 통과시킴

- '대북전단금지법'은 "국민의 생명, 신체에 위해를 끼치거나 심각한 위험을 야기하는 행위"와 같은 모호한 표현을 포함[13]하고 있을뿐더러, 표현의 자유와 북한 주민의 알 권리 침해라는 이유로 유엔 등 국제사회가 지속적으로 우려[14][15][16]를 표명하였음

- 그 결과 2023년 9월 26일 헌법재판소는 남북관계발전법 24조 1항 3호 등에 대한 선고기일을 열고 재판관 위헌 7대 합헌 2 의견으로 위헌 결정[17]을 내림.

---

[13] https://www.hankyung.com/politics/article/202012166025i, "제3국 대북전단은 가능" 통일부 설명에… '독소조항' 논란 확대 (검색일: 2020.12.17.)
[14] https://imnews.imbc.com/replay/2020/nwtoday/article/6030757_32531.html, 킨타나 "대북전단금지법 재검토"… 정부 "유감" (검색일: 2020.12.17.)
[15] https://www.ytn.co.kr/_ln/0104_202104160614183847, 美 의회, 대북전단금지법 청문회…"법 개정 필요" 비판적 의견 (검색일: 2021.11.16.)
[16] https://voakorea.com/a/6549539.html, 인권 전문가들, 대북전단 살포 재개에 "대북전단금지법 폐지돼야 … 표현과 정보의 자유 위반" (검색일: 2022.11.1.)
[17] https://chosun.com/national/court_law/2023/09/26/CN2LKS3VWJAD7JJCQE53B3M7WZ/, '김여정 하명법 논란' 文정부 대북전단 살포 금지법 위헌 결정 (검색일: 2023.11.13.)

제3장. 조사 결과

문] 북한인권 개선을 위한 북한인권 단체 활동에 대해 필요한 것인지 아니면 필요하지 않은 것인지 말씀해 주십시오. : 대북전단 살포

(단위: %)

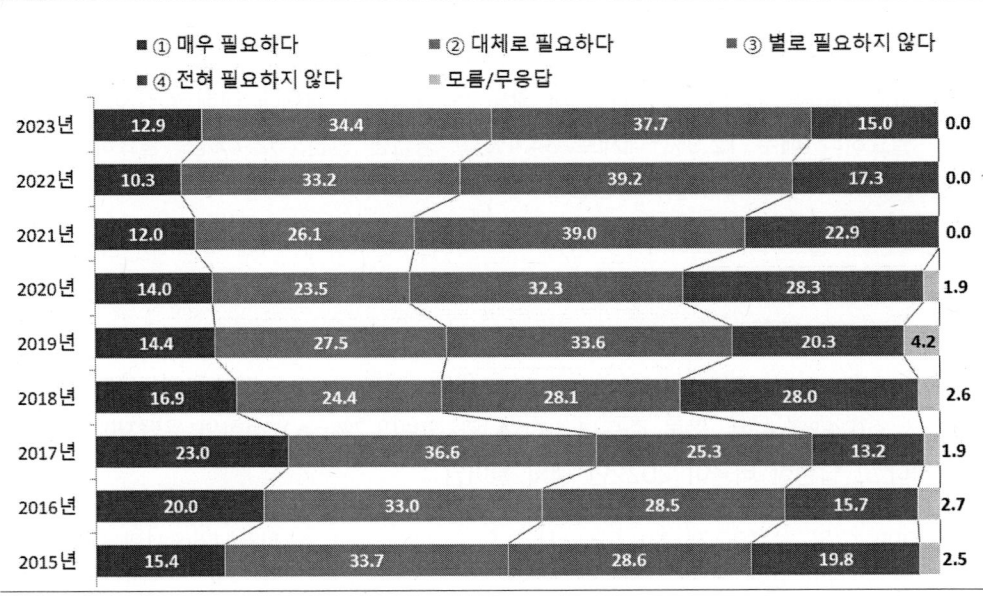

▷ "필요하다"는 응답은 △60세 이상 △대구/경북 거주자 △고등학교 졸업 이하 △농/임/어업 종사자 △보수 △북한인권 나빠지고 있다 △북한인권 관심이 있다 △북한인권 개입해야 한다 △인권단체 도움이 된다 응답자에서 상대적으로 높음

15-2. 국내외 세미나 등 인권상황 홍보

○ 북한인권 개선을 위한 북한인권 단체 활동 중 국내외 세미나 등 인권상황 홍보에 대해 응답자의 79.2%는 "필요하다"(매우 22.6%+대체로 56.6%)고 응답한 반면, 20.8%는 "필요하지 않다"(전혀 4.6%+별로 16.2%)고 응답함

○ "국내외 세미나 등 인권상황 홍보가 필요하다"는 응답은 2022년(83.7%)에 비해 4.5%p 감소함

문] 북한인권 개선을 위한 북한인권 단체 활동에 대해 필요한 것인지 아니면 필요하지 않은 것인지 말씀해 주십시오. : 국내외 세미나 등 인권상황 홍보

(단위: %)

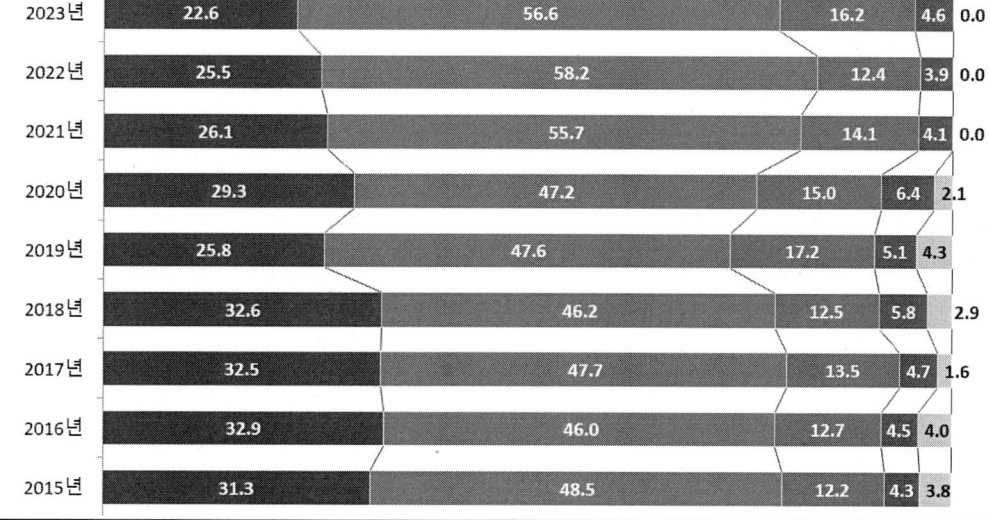

▷ "필요하다"는 응답은 △60세 이상 △광주/전라 거주자 △농/임/어업 종사자, 생산/기능/노무직 종사자 △북한인권 나빠지고 있다 △북한인권 관심이 있다 △북한인권 개입해야 한다 △인권단체 도움이 된다 응답자에서 상대적으로 높음

15-3. 대북인권방송을 통한 북한 주민 의식교육

○ 북한인권 개선을 위한 북한인권 단체 활동 중 대북인권방송을 통한 북한 주민 의식교육에 대해 응답자의 68.8%는 "필요하다"(매우 21.8%+대체로 47.0%)고 응답한 반면, 31.2%는 "필요하지 않다"(전혀 8.2%+별로 23.0%)고 응답함

○ "대북인권방송을 통한 북한 주민 의식교육이 필요하다"는 응답은 2022년(69.3%)에 비해 0.5%p 소폭 감소함

○ 2018년 남북 정상회담을 계기로 중단된 대북확성기 방송은 최근 9·19 남북군사합의의 효력 정지 검토와 더불어 대북방송 재개 가능성을 내비치고 있음

문] 북한인권 개선을 위한 북한인권 단체 활동에 대해 필요한 것인지 아니면 필요하지 않은 것인지 말씀해 주십시오. : 대북인권방송을 통한 북한 주민 의식교육

(단위: %)

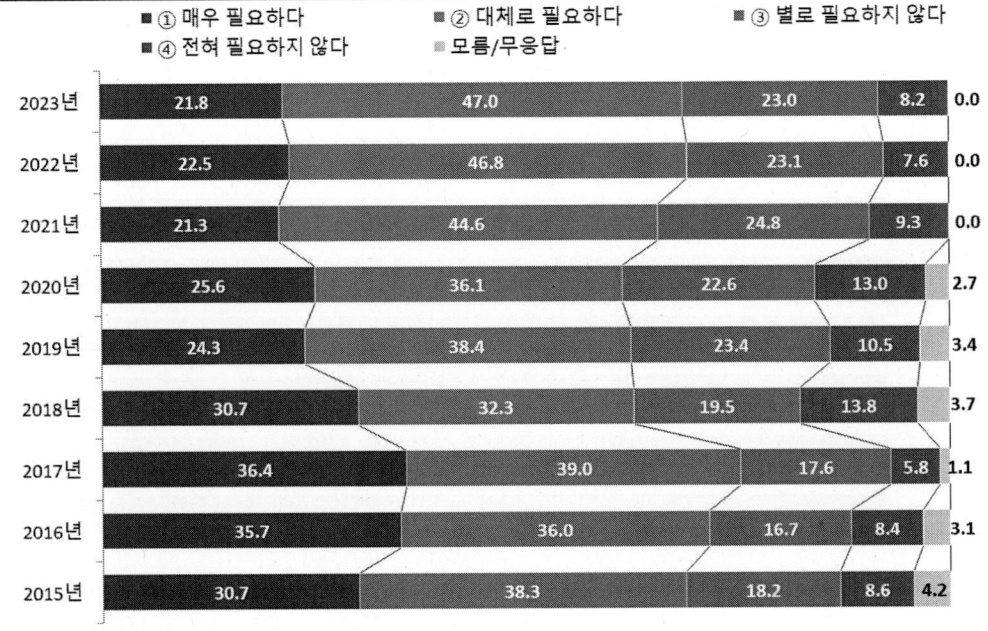

15-4. 북한인권법 시행 등 제도적 준비

○ 북한인권 개선을 위한 북한인권 단체 활동 중 북한인권법 시행 등 제도적 준비에 대해 응답자의 74.2%는 "필요하다"(매우 19.5%+대체로 54.7%)고 응답한 반면, 25.8%는 "필요하지 않다"(전혀 6.1%+별로 19.7%)고 응답함

○ 북한인권법이 제정된 지 이미 7년을 넘기고 있으나, 법에 규정된 북한인권재단 설립 및 운영 등 다수의 조항이 시행되지 못하고 있음에 따라 국민들은 북한인권법 시행의 필요성을 지속적으로 제기하고 있음

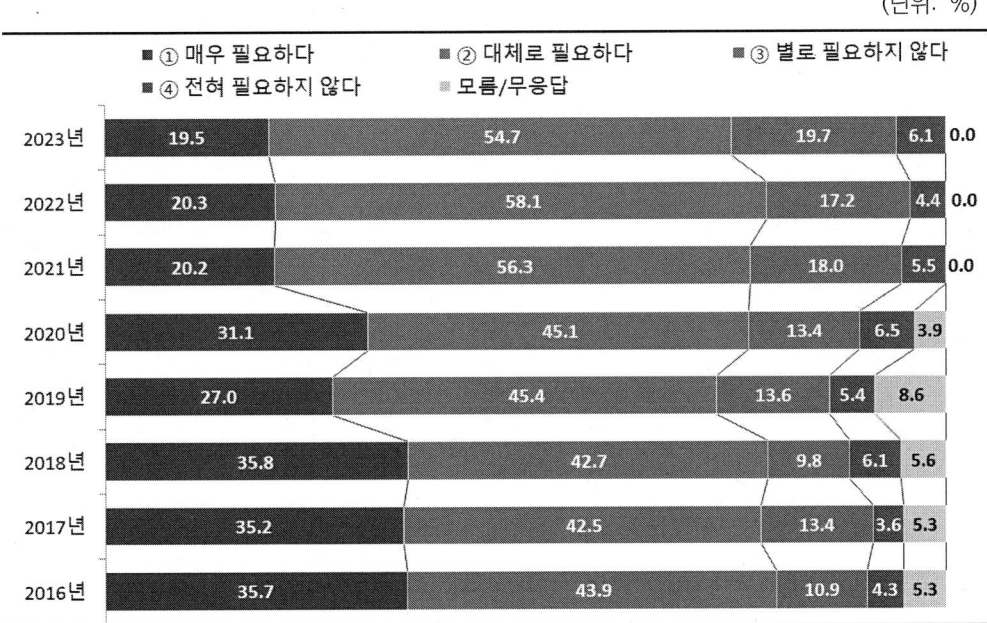

문] 북한인권 개선을 위한 북한인권 단체 활동에 대해 필요한 것인지 아니면 필요하지 않은 것인지 말씀해 주십시오. : 북한인권법 시행 등 제도적 준비

▷ "필요하다"는 응답은 △60세 이상 △광주/전라 거주자 △농/임/어업, 판매/영업/서비스직 종사자, 학생 △보수 △북한인권 나빠지고 있다 △북한인권 관심이 있다 △북한인권 개입해야 한다 △인권단체 도움이 된다 응답자에서 상대적으로 높음

제3장. 조사 결과

15-5. 의료지원, 식량지원 등 대북지원

○ 북한인권 개선을 위한 북한인권 단체 활동 중 의료지원, 식량지원 등 대북지원에 대해 응답자의 61.3%는 "필요하다"(매우 15.2%+대체로 46.1%)고 응답한 반면, 38.6%는 "필요하지 않다"(전혀 11.0%+별로 27.6%)고 응답함

○ 의료지원, 식량지원 등 대북지원을 지지하는 비율은 지난해 65.0%에서 3.7%p 감소함.

- 19~29세 응답자의 46.9%가 의료·식량 등 대북지원이 "필요하다"라고 본 반면 60세 이상 응답자는 65.8%가 지원 필요성에 공감해 연령대에 따른 견해 차이를 보임

문] 북한인권 개선을 위한 북한인권 단체 활동에 대해 필요한 것인지 아니면 필요하지 않은 것인지 말씀해 주십시오. : 의료지원, 식량지원 등 대북지원

(단위: %)

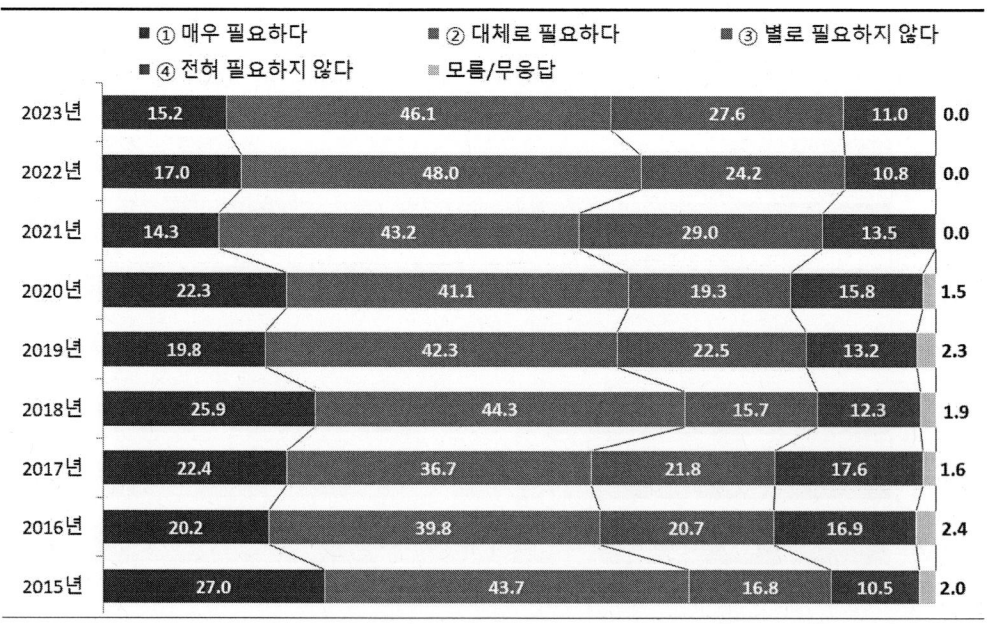

▷ "필요하다"는 응답은 △60세 이상 △광주/전라 거주자 △자영업 종사자 △진보 △북한인권 개선되고 있다 △북한인권 개선 가능성 있다 △북한인권 관심이 있다 △북한인권 개입해야 한다 △인권단체 도움이 된다 응답자에서 상대적으로 높음

15-6. 북한인권 피해 기록 및 보관

○ 북한인권 개선을 위한 북한인권 단체 활동 중 북한인권 피해 기록 및 보관에 대해 응답자의 78.9%는 "필요하다"(매우 22.7%+대체로 56.2%)고 응답한 반면, 21.1%는 "필요하지 않다"(전혀 4.7%+별로 16.4%)고 응답함

○ "북한인권 피해 기록 및 보관이 필요하다"는 응답은 2022년(84.9%)에 비해 6.0%p 감소하였으나, 여전히 "필요하다"는 응답이 80%에 근사한 값을 보이며 국민 대다수는 북한인권 피해 기록 및 보관의 필요성을 느끼고 있다고 해석할 수 있음

문] 북한인권 개선을 위한 북한인권 단체 활동에 대해 필요한 것인지 아니면 필요하지 않은 것인지 말씀해 주십시오. : 북한인권 피해 기록 및 보관

(단위: %)

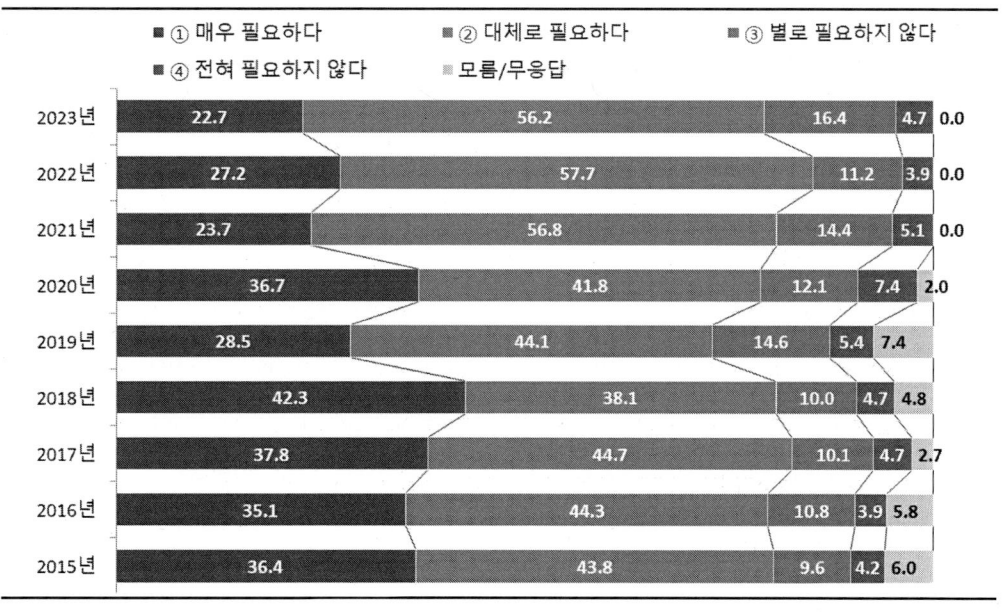

▷ "필요하다"는 응답은 △50대, 60세 이상 △인천/경기 거주자 △사무/관리/전문직 종사자 △진보 △북한인권 나빠지고 있다 △북한인권 관심이 있다 △북한인권 개입해야 한다 △인권단체 도움이 된다 응답자에서 상대적으로 높음

제3장. 조사 결과

15-7. 북한인권 문제에 대한 과거청산 준비

○ 북한인권 개선을 위한 북한인권 단체 활동 중 북한인권 문제에 대한 과거청산 준비에 대해 응답자의 63.9%는 "필요하다"(매우 13.6%+대체로 50.3%)고 응답한 반면, 36.1%는 "필요하지 않다"(전혀 7.9%+별로 28.2%)고 응답함

○ "북한인권 문제에 대한 과거청산 준비가 필요하다"는 응답은 2022년(70.4%)에 비해 6.5%p 감소함. 북한인권 단체 활동 중 지난해와 비교하여 가장 큰 감소 폭을 보임

문] 북한인권 개선을 위한 북한인권 단체 활동에 대해 필요한 것인지 아니면 필요하지 않은 것인지 말씀해 주십시오. : 북한인권 문제에 대한 과거청산 준비

(단위: %)

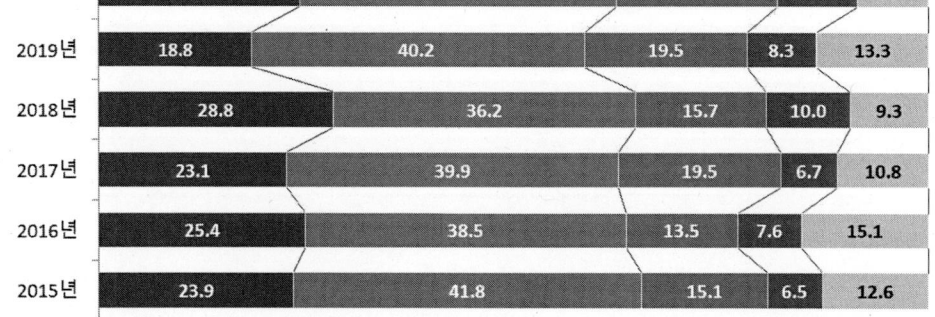

▷ "필요하다"는 응답은 △50~59세 △인천/경기 거주자 △사무/관리/전문직 종사자 △진보 △북한인권 나빠지고 있다 △북한인권 개선 가능성이 있다 △북한인권 관심 있다 △북한인권 개입해야 한다 △인권단체 도움이 된다 응답자에서 상대적으로 높음

16. 북한인권 단체 활동의 북한인권 개선 도움 여부

○ 북한인권 단체의 활동이 북한인권 개선에 도움이 되는지에 대해 응답자의 53.4%는 "도움이 된다"(매우 6.5%+대체로 46.9%)고 응답한 반면, 46.6%는 "도움이 되지 않는다"(전혀 7.4%+별로 39.2%)고 응답함

○ "북한인권 단체 활동이 북한인권에 도움이 된다"는 응답은 2022년(53.7%)보다 0.7%p 소폭 감소했으며, 60% 전후를 보이던 2020년 이전의 응답률에 비해 저조한 편임

○ "도움이 된다"고 응답한 비율과 "도움이 되지 않는다"고 응답한 비율이 엇비슷하여 우리 사회에서 어느 한 의견이 명백히 우위라는 결론을 내기 어려움. 국민 과반수는 북한인권 단체의 활동이 북한인권 개선에 기여한다고 인정하고 있으나 다른 상당수의 국민들은 북한인권 개선에 실질적인 도움을 주기에는 한계가 있다고 느낌

○ 북한인권 개선에 도움이 되지 않는다는 평가는 북한인권 개선을 위해 가장 노력해야 할 집단이 "북한 당국"임에도 불구하고, 그에 대한 개선이나 변화가능성이 매우 낮기 때문으로 볼 수 있음

제3장. 조사 결과

문] 북한인권 단체의 활동이 북한인권 개선에 도움이 된다고 생각하십니까, 아니면 도움이 되지 않는다고 생각하십니까?

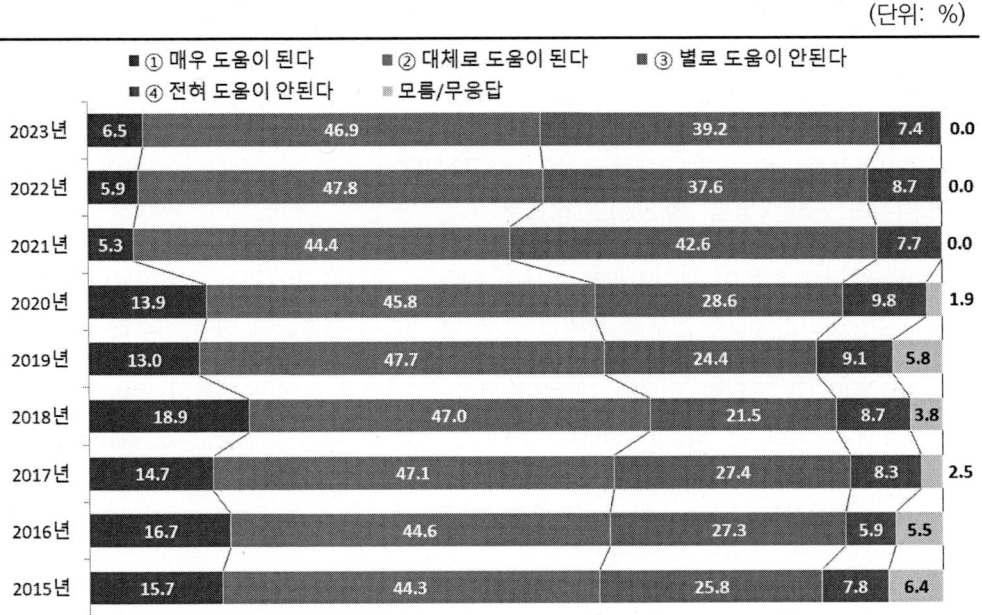

▷ "도움이 된다"는 응답은 △강원/제주 거주자 △판매/영업/서비스직 종사자, 학생 △가구소득 301~400만원 이하 △보수 △북한인권 개선되고 있다 △북한인권 개선 가능성 있다 △북한인권 관심이 있다 △북한인권 개입해야 한다 응답자에서 상대적으로 높음

17. 북한인권 개선을 위해 노력해야 할 집단

○ 북한인권 개선을 위해 가장 노력해야 할 집단으로 응답자의 36.1%는 "북한 당국"을 가장 우선적으로 꼽았으며, 다음으로 "국제인권단체"(24.5%), "우리 정부"(12.9%), "유엔"(12.7%), "미국 등 각국 정부"(9.0%), "국내 북한인권 단체"(4.8%)를 꼽았음

- "북한 당국"에 이어 "국제인권단체"와 "우리 정부"를 응답한 비율이 높으며, 이는 북한인권 개선에 있어 북한 당국이 직접적인 주체로서 역할을 해야 한다는 것과 그 과정에서 국내외 이해관계자의 공조가 있어야 한다는 국민 인식을 보여주는 결과임

○ 북한인권 문제의 핵심은 한국 정부의 역할보다는 북한 당국의 의지가 큰 변수라는 인식이 높으며, 북한 당국이 실질적으로 북한인권 문제를 직시하고 해결해 나갈 수 있도록 정부 차원의 노력이 필요할 것으로 보임

문] 북한인권 개선을 위해서 다음 중 누가 가장 노력해야 한다고 생각하십니까?

(단위: %)

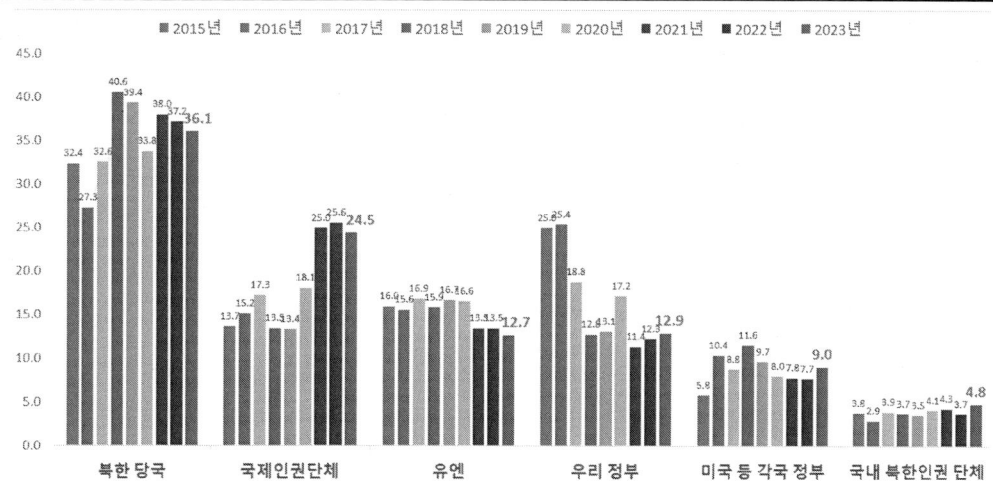

▷ "북한 정부"라는 응답은 △19~39세 △부산/울산/경남, 광주/전라 거주자 △사무/관리/전문직 종사자 △가구소득 501만원 이상 △진보 △북한인권 관심이 없다 △북한인권 간섭해서는 안 된다 △인권단체 도움이 안 된다 응답자에서 상대적으로 높음

제3장. 조사 결과

18. 한국 정부 차원의 북한인권 문제 제기 필요성 평가

○ 북한인권 개선을 위해서 한국 정부가 북한인권 문제를 북한 당국에 공식적으로 제기해야 하는지에 대해 응답자의 61.5%는 "제기해야 된다"고 응답하여 2022년 대비 1.4%p 감소하였고, 38.5%는 "제기하면 안 된다"고 응답함

○ 한국 정부가 북한 당국에 북한인권 문제를 제기할 경우 응답자의 71.6%는 "남북관계에 부정적인 영향을 미칠 것"이라고 응답함. 그러나 북한인권 개선과 문제해결을 위해 정부가 직접 북한인권 문제를 제기해야 한다는 응답이 지난해에 이어 60% 이상 나타나 현 정부가 북한인권에 대한 목소리를 조금 더 적극적으로 내야 할 필요성이 있음

문] 북한인권 개선을 위해서 한국 정부가 북한인권 문제를 북한 당국에 공식적으로 제기해야 한다고 생각하십니까, 제기하면 안 된다고 생각하십니까?

(단위: %)

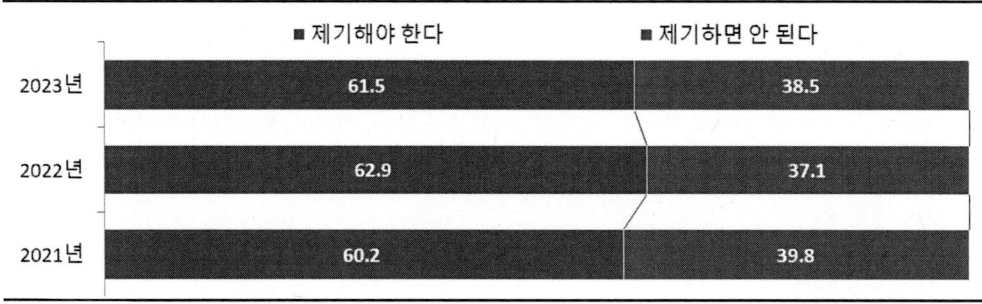

▷ "제기해야 한다"는 응답은 △남자 △60세 이상 △농/임/어업 종사자 및 무직/퇴직/기타 △보수 △북한인권 나빠지고 있다 △북한인권 관심이 있다 △북한인권 개입해야 한다 △인권단체 도움이 된다 응답자에서 상대적으로 높음

19. 정부가 북한인권 문제 제기 시 남북관계에 미칠 영향

○ 한국 정부가 북한 당국에 북한인권 문제를 제기할 경우 응답자의 71.6%는 "남북관계에 부정적인 영향을 미칠 것"이라고 응답하여 2022년(71.4%) 대비 소폭 상승하였고, 16.8%는 "북한인권 개선에 있어 긍정적인 영향을 미칠 것"이라고 응답함. 한편, "아무 영향을 미치지 않을 것이다"는 응답은 11.6%임

문] 한국 정부가 북한 당국에 북한인권 문제를 제기하는 것이 남북관계에 어떤 영향을 미칠 것이라고 생각하십니까?

(단위: %)

■ 북한인권 개선에 있어서 긍정적으로 영향을 미칠 것이다
■ 아무 영향을 미치지 않을 것이다
■ 남북관계가 악화되거나 긴장이 강화되는 등 부정적으로 영향을 미칠 것이다

연도	긍정적	영향 없음	부정적
2023년	16.8	11.6	71.6
2022년	16.4	12.2	71.4
2021년	16.3	13.5	70.2

▷ "남북관계에 부정적인 영향을 미친다"는 응답은 △40대(76.6%) △강원/제주(79.1%) 거주자 △북한인권 변함없다(75.5%) △인권단체 도움 안 된다(76.8%) 응답자에서 상대적으로 높음

○ 정치성향이 진보라 응답한 이들 278명 중 180명(64.7%), 정치성향이 중도라 응답한 이들 409명 중 224명(54.8%), 정치성향이 보수라 응답한 이들 313명 중 211명(67.4%)이 북한 당국에 북한인권 문제를 제기해야 한다고 응답함

20. 북한 주민의 인권을 침해한 가해자에 대한 처벌 필요성 여부

○ 통일된 한반도에 대한 기대가 높아질수록 과거청산에 대한 올바른 논의와 사회적 합의도 이루어져야 할 것임

- 과거청산은 청산의 주체, 방식, 목적, 처벌 대상과 수준에 따라 다양한 형태로 진행될 수 있음

○ 인권침해 가해자에 대해 처벌이 필요하다는 응답은 "침해유형이나 피해정도를 따져 처벌해야 한다"가 전체 응답의 60.5%를 차지함. "강력하게 처벌해야 한다"는 응답은 36.4%, "사회통합을 위해서 용서해야 한다"는 응답은 3.1%임

○ 북한에서 인권침해를 경험한 피해자이거나 목격자일 가능성이 높은 북한이탈주민은 일반 국민과 같이 비슷한 수준(91.3%, 강력 52.5% + 침해유형이나 피해정도 따져 38.8%)[18]으로 처벌에 대한 필요성을 인식하고 있으나, 그 처벌 수준 정도에 대해서는 상대적으로 더욱 강력한 처벌을 원하고 있음

문] 북한 주민의 인권을 침해한 가해자에 대한 처벌이 필요하다고 생각하십니까, 필요하지 않다고 생각하십니까?

(단위: %)

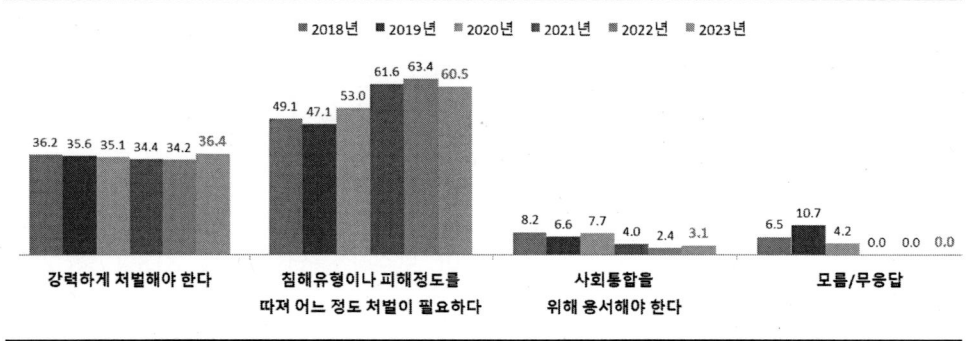

---

[18] 임순희·성민주·이승엽, 『2023 북한이탈주민 경제사회통합실태』, 북한인권정보센터·엔케이소셜리서치, 2023. p. 86.

제3장. 조사 결과

▷ "강력하게 처벌해야 한다"라는 응답은 △남자(42.4%) △60세 이상(41.7%) △강원/제주 거주자(41.9%) △농/임/어업(42.9%) 및 자영업(42.7%) 종사자 △보수(47.3%) △북한인권 나빠지고 있다(56.5%) 응답자에서 상대적으로 높음

▷ "침해정도를 따져서 어느 정도 처벌이 필요하다"라는 응답은 △여자(66.1%) △40대(65.8%) △대전/세종/충청(68.9%) 거주자 △주부(67.1%) △진보(68.0%) △북한인권 개선되고 있다(74.7%) △북한인권 개선 가능성 있다(76.6%) 응답자에서 상대적으로 높음

부록. 조사 결과표

부록. 조사 결과표

표 목 차

[표 1] 북한인권에 대한 관심도 ··· 93
[표 2] 북한인권 관심 이유 ··· 95
[표 3] 북한인권 무관심 이유 ··· 97
[표 4] 북한인권의 심각성 평가 ··· 99
[표 5] 북한인권에 대한 평가 ··· 101
[표 6] 북한인권의 개선 가능성 ··· 103
[표 7] 북한 난민 발생 시 정부 대응책 ··· 105
[표 8] 북한인권 관련 이슈 인지 여부 : 유엔 북한인권결의안 ································· 107
[표 9] 북한인권 관련 이슈 인지 여부 : 김정은 국제형사재판소(ICC) 제소 ······· 109
[표 10] 북한인권 관련 이슈 인지 여부 : 유엔 북한인권 현장사무소 서울 설치 운영 ······· 111
[표 11] 북한인권 관련 이슈 인지 여부 : 정치범수용소 ··· 113
[표 12] 북한인권 관련 이슈 인지 여부 : 공개처형 ··· 115
[표 13] 북한인권 관련 이슈 인지 여부 : 인신매매 ··· 117
[표 14] 북한인권 관련 이슈 인지 여부 : 북한인권법 ··· 119
[표 15] 북한인권 관련 이슈 인지 여부 : 북한인권재단 ··· 121
[표 16] 북한인권 관련 이슈 인지 여부 : 북한인권대사 ··· 123
[표 17] 북한인권 관련 이슈 인지 여부 : 법무부 북한인권기록보존소 ················· 125
[표 18] 북한인권 관련 이슈 인지 여부 : 통일부 북한인권기록센터 ····················· 127
[표 19] 북한인권 관련 이슈 인지 여부 : 탈북어민 북송사건 ································· 129
[표 20] 북한인권기록센터(통일부) 운영 성과 평가 ··· 131
[표 21] 북한인권기록보존소(법무부) 운영 성과 평가 ··· 133
[표 22] 탈북어민 북송사건 적절성 평가 ··· 135
[표 23] 북한인권 피해 조사 및 기록 주체 기관 ··· 137
[표 24] 북한인권박물관 건립 및 운영 입장 ··· 139
[표 25] 북한인권에 대한 개입 입장 ··· 141
[표 26] 북한인권법의 효과 평가 ··· 143
[표 27] 북한인권 개선을 위한 조치 사항 ··· 145
[표 28] 북한인권 개선을 위한 북한인권단체의 활동 ··· 147
[표 29] 북한인권단체 활동 필요성 평가 : 대북전단 살포 ······································· 149
[표 30] 북한인권단체 활동 필요성 평가 : 국내외 세미나 등 인권상황 홍보 ··· 151
[표 31] 북한인권단체 활동 필요성 평가 : 대북인권방송을 통한 북한주민 의식교육 ······· 153
[표 32] 북한인권단체 활동 필요성 평가 : 북한인권법 시행 등 제도적 준비 ··· 155
[표 33] 북한인권단체 활동 필요성 평가 : 의료지원, 식량지원 등 대북지원 ··· 157
[표 34] 북한인권단체 활동 필요성 평가 : 북한인권 피해 기록 및 보관 ··········· 159
[표 35] 북한인권단체 활동 필요성 평가 : 북한인권 문제에 대한 과거청산 준비 ······· 161
[표 36] 북한인권단체 활동의 북한인권 개선 도움 여부 ··· 163

부록. 조사 결과표

[표 37] 정부차원의 문제 제기 필요성 평가 ·· 165
[표 38] 문제 제기시 남북관계에 미칠 영향 ·· 167
[표 39] 북한인권 개선 노력 주체 ·· 169
[표 40] 북한 주민의 인권 침해자에 대한 처벌 필요성 ·· 171

[표 1] 북한인권에 대한 관심도
[문1] 귀하께서는 평소 북한인권에 대해 관심이 있습니까, 아니면 없습니까?

(단위 : %)

Base=전체	사례수 (명)	매우 관심이 있다	대체로 관심이 있다	①+②	별로 관심이 없다	전혀 관심이 없다	③+④	계
◼ 전체 ◼	(1000)	15.0	50.8	65.8	29.4	4.8	34.2	100.0
성별	(1000)	15.0	50.8	65.8	29.4	4.8	34.2	
남자	(495)	20.2	51.7	71.9	24.0	4.0	28.1	100.0
여자	(505)	9.9	49.9	59.8	34.7	5.5	40.2	100.0
연령								
19-29세	(145)	17.9	44.1	62.1	29.7	8.3	37.9	100.0
30-39세	(152)	12.5	38.8	51.3	37.5	11.2	48.7	100.0
40-49세	(184)	12.0	45.7	57.6	39.7	2.7	42.4	100.0
50-59세	(200)	15.0	52.5	67.5	28.0	4.5	32.5	100.0
60세이상	(319)	16.6	61.4	78.1	20.4	1.6	21.9	100.0
권역								
서울	(186)	20.4	50.0	70.4	26.9	2.7	29.6	100.0
인천/경기	(326)	14.1	53.7	67.8	27.9	4.3	32.2	100.0
대전/세종/충청	(106)	15.1	46.2	61.3	35.8	2.8	38.7	100.0
광주/전라	(94)	12.8	53.2	66.0	29.8	4.3	34.0	100.0
대구/경북	(97)	16.5	46.4	62.9	26.8	10.3	37.1	100.0
부산/울산/경남	(148)	12.2	51.4	63.5	33.1	3.4	36.5	100.0
강원/제주	(43)	9.3	46.5	55.8	27.9	16.3	44.2	100.0
학력								
고졸이하	(198)	13.1	45.5	58.6	37.4	4.0	41.4	100.0
대재이상	(802)	15.5	52.1	67.6	27.4	5.0	32.4	100.0
직업								
농/임/어업	(7)	28.6	57.1	85.7	14.3	0.0	14.3	100.0
자영업	(82)	23.2	50.0	73.2	20.7	6.1	26.8	100.0
판매/영업/서비스직	(86)	19.8	45.3	65.1	30.2	4.7	34.9	100.0
생산/기능/노무직	(59)	10.2	57.6	67.8	28.8	3.4	32.2	100.0
사무/관리/전문직	(441)	16.8	49.4	66.2	28.8	5.0	33.8	100.0
주부	(146)	4.1	52.1	56.2	39.7	4.1	43.8	100.0
학생	(43)	25.6	37.2	62.8	27.9	9.3	37.2	100.0
무직/퇴직/기타	(136)	11.0	58.8	69.9	26.5	3.7	30.1	100.0
가구소득								
200만원이하	(110)	8.2	56.4	64.5	30.0	5.5	35.5	100.0
201-300만원이하	(148)	15.5	41.9	57.4	35.8	6.8	42.6	100.0
301-400만원이하	(156)	12.8	53.8	66.7	30.1	3.2	33.3	100.0
401-500만원이하	(172)	17.4	51.7	69.2	25.6	5.2	30.8	100.0
501만원 이상	(414)	16.4	51.0	67.4	28.3	4.3	32.6	100.0
이념성향								
진보	(278)	11.2	53.2	64.4	32.7	2.9	35.6	100.0
중도	(409)	12.7	45.7	58.4	35.5	6.1	41.6	100.0
보수	(313)	21.4	55.3	76.7	18.5	4.8	23.3	100.0

[계 속]

부록. 조사 결과표

[표 1] 북한인권에 대한 관심도
[문1] 귀하께서는 평소 북한인권에 대해 관심이 있습니까, 아니면 없습니까?

(단위 : %)

Base=전체	사례수 (명)	매우 관심이 있다	대체로 관심이 있다	①+②	별로 관심이 없다	전혀 관심이 없다	③+④	계
■ 전체 ■	(1,000)	15.0	50.8	65.8	29.4	4.8	34.2	100.0
북한인권 개선								
개선되고 있다	(75)	21.3	45.3	66.7	32.0	1.3	33.3	100.0
변함없다	(670)	10.1	51.3	61.5	33.6	4.9	38.5	100.0
나빠지고 있다	(255)	25.9	51.0	76.9	17.6	5.5	23.1	100.0
북한인권 개선 가능성								
가능성이 있다	(192)	16.7	56.3	72.9	27.1	0.0	27.1	100.0
가능성이 없다	(808)	14.6	49.5	64.1	30.0	5.9	35.9	100.0
북한인권 관심도								
관심이 있다	(658)	22.8	77.2	100.0	0.0	0.0	0.0	100.0
관심이 없다	(342)	0.0	0.0	0.0	86.0	14.0	100.0	100.0
북한인권 심각성								
심각하다	(970)	15.3	51.9	67.1	28.7	4.2	32.9	100.0
심각하지 않다	(30)	6.7	16.7	23.3	53.3	23.3	76.7	100.0
북한인권 개입								
간섭해서는 안된다	(360)	9.7	35.6	45.3	44.2	10.6	54.7	100.0
개입해야 한다	(640)	18.0	59.4	77.3	21.1	1.6	22.7	100.0
인권단체 도움여부								
도움이 된다	(534)	21.7	54.5	76.2	22.1	1.7	23.8	100.0
도움이 안된다	(466)	7.3	46.6	53.9	37.8	8.4	46.1	100.0

[표 2] 북한인권 관심 이유

[문1-1] 귀하께서 북한인권에 관심을 가지게 된 이유(계기)는 무엇입니까?

(단위 : %)

BASE=[문1] 1),2) 응답자	사례수 (명)	원래 같은 나라였으니까	미디어(뉴스/프로그램/유튜브 등)를 통해 알게 되어서	통일이 될 것 같아서	북한 정권의 인권 탄압이 심해서	기본적인 인권에 관심이 많아서	북한에 대한 관심이 있어서	북한 사람들의 빈곤과 고통이 안타까워서	기타	계
■ 전체 ■	(658)	17.6	13.5	2.1	20.5	11.2	6.5	27.2	1.2	100.0
성별										
남자	(356)	19.9	10.4	1.7	21.9	11.2	7.6	26.1	1.1	100.0
여자	(302)	14.9	17.2	2.6	18.9	11.3	5.3	28.5	1.3	100.0
연령										
19-29세	(90)	15.6	16.7	1.1	21.1	11.1	12.2	22.2	0.0	100.0
30-39세	(78)	23.1	12.8	1.3	28.2	7.7	2.6	24.4	0.0	100.0
40-49세	(106)	12.3	20.8	6.6	17.0	11.3	7.5	24.5	0.0	100.0
50-59세	(135)	20.0	11.1	2.2	20.0	12.6	6.7	25.9	1.5	100.0
60세이상	(249)	17.7	10.8	0.8	19.7	11.6	5.2	31.7	2.4	100.0
권역										
서울	(131)	18.3	10.7	3.1	21.4	13.0	7.6	25.2	0.8	100.0
인천/경기	(221)	19.5	12.2	3.2	19.0	12.7	4.1	28.1	1.4	100.0
대전/세종/충청	(65)	16.9	18.5	1.5	26.2	10.8	7.7	16.9	1.5	100.0
광주/전라	(62)	21.0	17.7	1.6	17.7	8.1	8.1	25.8	0.0	100.0
대구/경북	(61)	11.5	13.1	0.0	23.0	9.8	8.2	32.8	1.6	100.0
부산/울산/경남	(94)	17.0	12.8	1.1	22.3	7.4	9.6	27.7	2.1	100.0
강원/제주	(24)	8.3	20.8	0.0	8.3	16.7	0.0	45.8	0.0	100.0
학력										
고졸이하	(116)	14.7	15.5	1.7	18.1	11.2	9.5	28.4	0.9	100.0
대재이상	(542)	18.3	13.1	2.2	21.0	11.3	5.9	26.9	1.3	100.0
직업										
농/임/어업	(6)	0.0	0.0	0.0	50.0	33.3	0.0	16.7	0.0	100.0
자영업	(60)	23.3	11.7	1.7	21.7	11.7	3.3	25.0	1.7	100.0
판매/영업/서비스직	(56)	10.7	21.4	0.0	16.1	3.6	8.9	35.7	3.6	100.0
생산/기능/노무직	(40)	20.0	10.0	5.0	12.5	5.0	5.0	42.5	0.0	100.0
사무/관리/전문직	(292)	18.2	13.7	2.4	20.9	13.0	7.9	23.3	0.7	100.0
주부	(82)	11.0	13.4	3.7	24.4	9.8	0.0	36.6	1.2	100.0
학생	(27)	18.5	11.1	3.7	22.2	18.5	11.1	14.8	0.0	100.0
무직/퇴직/기타	(95)	22.1	12.6	0.0	18.9	10.5	8.4	25.3	2.1	100.0
가구소득										
200만원이하	(71)	16.9	12.7	1.4	25.4	18.3	7.0	18.3	0.0	100.0
201-300만원이하	(85)	17.6	17.6	0.0	23.5	8.2	7.1	25.9	0.0	100.0
301-400만원이하	(104)	19.2	11.5	0.0	16.3	15.4	3.8	33.7	0.0	100.0
401-500만원이하	(119)	22.7	12.6	2.5	17.6	4.2	6.7	30.3	3.4	100.0
501만원 이상	(279)	15.1	13.6	3.6	21.1	11.8	7.2	26.2	1.4	100.0
이념성향										
진보	(179)	22.3	16.8	2.8	15.6	16.2	5.6	20.7	0.0	100.0
중도	(239)	18.8	15.5	1.7	17.6	10.9	4.6	29.3	1.7	100.0
보수	(240)	12.9	9.2	2.1	27.1	7.9	9.2	30.0	1.7	100.0

[계 속]

부록. 조사 결과표

[표 2] 북한인권 관심 이유(상위 5개 응답항목)
[문1-1]귀하께서 북한인권에 관심을 가지게 된 이유(계기)는 무엇입니까?

(단위 : %)

BASE=[문1] 1),2) 응답자	사례수(명)	원래 같은 나라였으니까	매스미디어뉴스/프로그램/유튜브 등을 통해 알게 되어서	통일이 될 것 같아서	북한 정권의 인권 탄압이 심해서	기본적인 인권에 관심이 많아서	북한에 대한 관심이 있어서	북한 사람들의 빈곤과 고통이 안타까워서	기타	계
■ 전체 ■	(658)	17.6	13.5	2.1	20.5	11.2	6.5	27.2	1.2	100.0
북한인권 개선										
개선되고 있다	(50)	26.0	8.0	2.0	18.0	20.0	10.0	16.0	0.0	100.0
변함없다	(412)	19.9	14.6	1.7	17.2	11.7	8.0	25.5	1.5	100.0
나빠지고 있다	(196)	10.7	12.8	3.1	28.1	8.2	2.6	33.7	1.0	100.0
북한인권 개선 가능성										
가능성이 있다	(140)	23.6	9.3	2.9	12.1	14.3	10.0	27.1	0.7	100.0
가능성이 없다	(518)	16.0	14.7	1.9	22.8	10.4	5.6	27.2	1.4	100.0
북한인권 관심도										
관심이 있다	(658)	17.6	13.5	2.1	20.5	11.2	6.5	27.2	1.2	100.0
북한인권 심각성										
심각하다	(651)	17.2	13.5	2.2	20.7	11.1	6.6	27.5	1.2	100.0
심각하지 않다	(7)	57.1	14.3	0.0	0.0	28.6	0.0	0.0	0.0	100.0
북한인권 개입										
간섭해서는 안된다	(163)	17.2	16.6	0.0	16.0	14.7	8.6	25.2	1.8	100.0
개입해야 한다	(495)	17.8	12.5	2.8	22.0	10.1	5.9	27.9	1.0	100.0
인권단체 도움여부										
도움이 된다	(407)	17.4	10.6	1.7	25.1	10.8	7.9	25.3	1.2	100.0
도움이 안된다	(251)	17.9	18.3	2.8	13.1	12.0	4.4	30.3	1.2	100.0

[표 3] 북한인권 무관심 이유
[문1-2] 귀하께서 북한인권에 관심이 없는 이유는 무엇입니까?

(단위 : %)

BASE=[문1] 3),4) 응답자	사례수 (명)	다른 나라라는 생각이 들어서	북한인권 상황에 대한 충분한 정보를 접하지 못해서	통일이 안 될 것 같아서	우리나라 인권도 좋지 않아서	인권문제에 대한 개인적인 관심이 부족해서	북한에 대한 관심이 없어서	별다른 해결책이 없어서	기타	계
▣ 전체 ▣	(342)	11.4	12.9	12.0	10.8	5.8	14.0	32.7	0.3	100.0
성별										
남자	(139)	12.9	12.9	10.8	8.6	7.2	12.2	34.5	0.7	100.0
여자	(203)	10.3	12.8	12.8	12.3	4.9	15.3	31.5	0.0	100.0
연령										
19-29세	(55)	23.6	3.6	20.0	9.1	1.8	20.0	21.8	0.0	100.0
30-39세	(74)	12.2	8.1	16.2	13.5	4.1	13.5	32.4	0.0	100.0
40-49세	(78)	9.0	17.9	7.7	12.8	9.0	6.4	35.9	1.3	100.0
50-59세	(65)	9.2	15.4	12.3	9.2	6.2	10.8	36.9	0.0	100.0
60세이상	(70)	5.7	17.1	5.7	8.6	7.1	21.4	34.3	0.0	100.0
권역										
서울	(55)	10.9	12.7	10.9	16.4	3.6	14.5	30.9	0.0	100.0
인천/경기	(105)	18.1	13.3	9.5	13.3	6.7	10.5	28.6	0.0	100.0
대전/세종/충청	(41)	7.3	14.6	14.6	0.0	4.9	12.2	43.9	2.4	100.0
광주/전라	(32)	12.5	21.9	21.9	6.3	6.3	6.3	25.0	0.0	100.0
대구/경북	(36)	2.8	0.0	13.9	8.3	0.0	33.3	41.7	0.0	100.0
부산/울산/경남	(54)	5.6	13.0	9.3	13.0	13.0	13.0	33.3	0.0	100.0
강원/제주	(19)	15.8	15.8	10.5	10.5	0.0	15.8	31.6	0.0	100.0
학력										
고졸이하	(82)	13.4	9.8	15.9	9.8	6.1	7.3	37.8	0.0	100.0
대재이상	(260)	10.8	13.8	10.8	11.2	5.8	16.2	31.2	0.4	100.0
직업										
농/임/어업	(1)	100.0	0.0	0.0	0.0	0.0	0.0	0.0	0.0	100.0
자영업	(22)	4.5	9.1	13.6	4.5	4.5	22.7	40.9	0.0	100.0
판매/영업/서비스직	(30)	6.7	3.3	13.3	23.3	3.3	13.3	36.7	0.0	100.0
생산/기능/노무직	(19)	10.5	15.8	15.8	0.0	15.8	5.3	36.8	0.0	100.0
사무/관리/전문직	(149)	13.4	13.4	14.1	11.4	5.4	10.1	31.5	0.7	100.0
주부	(64)	3.1	18.8	7.8	9.4	7.8	17.2	35.9	0.0	100.0
학생	(16)	37.5	0.0	12.5	6.3	0.0	18.8	25.0	0.0	100.0
무직/퇴직/기타	(41)	12.2	14.6	7.3	12.2	4.9	22.0	26.8	0.0	100.0
가구소득										
200만원이하	(39)	12.8	5.1	10.3	17.9	5.1	17.9	30.8	0.0	100.0
201-300만원이하	(63)	15.9	12.7	15.9	9.5	6.3	17.5	22.2	0.0	100.0
301-400만원이하	(52)	3.8	15.4	17.3	13.5	9.6	3.8	36.5	0.0	100.0
401-500만원이하	(53)	15.1	7.5	13.2	7.5	3.8	13.2	37.7	1.9	100.0
501만원 이상	(135)	10.4	16.3	8.1	9.6	5.2	15.6	34.8	0.0	100.0
이념성향										
진보	(99)	14.1	17.2	8.1	11.1	9.1	6.1	33.3	1.0	100.0
중도	(170)	8.8	10.6	12.9	12.4	5.9	16.5	32.9	0.0	100.0
보수	(73)	13.7	12.3	15.1	6.8	1.4	19.2	31.5	0.0	100.0

[계 속]

[표 3] 북한인권 무관심 이유(상위 5개 응답항목)
[문1-2]귀하께서 북한인권에 관심이 없는 이유는 무엇입니까?

(단위 : %)

BASE=[문1] 3),4) 응답자		사례수 (명)	다른 나라라는 생각이 들어서	북한인권 상황에 대한 충분한 정보를 접하지 못해서	통일이 안 될 것 같아서	우리나라 인권도 좋지 않아서	인권 문제에 대한 개인적인 관심이 부족해서	북한에 대한 관심이 없어서	별다른 해결책이 없어서	기타	계
■ 전체 ■		(342)	11.4	12.9	12.0	10.8	5.8	14.0	32.7	0.3	100.0
북한인권 개선											
	개선되고 있다	(25)	24.0	20.0	8.0	12.0	0.0	8.0	28.0	0.0	100.0
	변함없다	(258)	9.7	13.2	12.8	10.9	6.6	14.0	32.6	0.4	100.0
	나빠지고 있다	(59)	13.6	8.5	10.2	10.2	5.1	16.9	35.6	0.0	100.0
북한인권 개선 가능성											
	가능성이 있다	(52)	15.4	23.1	3.8	7.7	11.5	5.8	32.7	0.0	100.0
	가능성이 없다	(290)	10.7	11.0	13.4	11.4	4.8	15.5	32.8	0.3	100.0
북한인권 관심도											
	관심이 없다	(342)	11.4	12.9	12.0	10.8	5.8	14.0	32.7	0.3	100.0
북한인권 심각성											
	심각하다	(319)	9.4	13.2	12.5	11.3	6.0	13.8	33.5	0.3	100.0
	심각하지 않다	(23)	39.1	8.7	4.3	4.3	4.3	17.4	21.7	0.0	100.0
북한인권 개입											
	간섭해서는 안된다	(197)	14.7	9.1	11.2	12.2	4.1	18.3	30.5	0.0	100.0
	개입해야 한다	(145)	6.9	17.9	13.1	9.0	8.3	8.3	35.9	0.7	100.0
인권단체 도움여부											
	도움이 된다	(127)	7.9	18.1	13.4	8.7	8.7	7.9	35.4	0.0	100.0
	도움이 안된다	(215)	13.5	9.8	11.2	12.1	4.2	17.7	31.2	0.5	100.0

[표 4] 북한인권의 심각성 평가
[문2] 귀하께서는 북한인권 상황이 심각하다고 생각하십니까, 아니면 심각하지 않다고 생각하십니까?

(단위 : %)

Base=전체	사례수 (명)	매우 심각하다	어느 정도 심각하다	①+②	별로 심각하지 않다	전혀 심각하지 않다	③+④	계
▣ 전체 ▣	(1000)	58.9	38.1	97.0	2.3	0.7	3.0	100.0
성별								
남자	(495)	65.7	31.7	97.4	2.2	0.4	2.6	100.0
여자	(505)	52.3	44.4	96.6	2.4	1.0	3.4	100.0
연령								
19-29세	(145)	60.7	36.6	97.2	2.1	0.7	2.8	100.0
30-39세	(152)	57.2	39.5	96.7	2.0	1.3	3.3	100.0
40-49세	(184)	56.5	41.8	98.4	1.1	0.5	1.6	100.0
50-59세	(200)	58.0	37.5	95.5	3.5	1.0	4.5	100.0
60세이상	(319)	60.8	36.4	97.2	2.5	0.3	2.8	100.0
권역								
서울	(186)	59.7	38.7	98.4	1.1	0.5	1.6	100.0
인천/경기	(326)	58.6	37.7	96.3	2.5	1.2	3.7	100.0
대전/세종/충청	(106)	54.7	40.6	95.3	4.7	0.0	4.7	100.0
광주/전라	(94)	55.3	42.6	97.9	1.1	1.1	2.1	100.0
대구/경북	(97)	58.8	37.1	95.9	4.1	0.0	4.1	100.0
부산/울산/경남	(148)	60.8	37.8	98.6	1.4	0.0	1.4	100.0
강원/제주	(43)	69.8	25.6	95.3	2.3	2.3	4.7	100.0
학력								
고졸이하	(198)	54.5	41.9	96.5	2.5	1.0	3.5	100.0
대재이상	(802)	60.0	37.2	97.1	2.2	0.6	2.9	100.0
직업								
농/임/어업	(7)	57.1	42.9	100.0	0.0	0.0	0.0	100.0
자영업	(82)	63.4	32.9	96.3	2.4	1.2	3.7	100.0
판매/영업/서비스직	(86)	57.0	40.7	97.7	1.2	1.2	2.3	100.0
생산/기능/노무직	(59)	61.0	39.0	100.0	0.0	0.0	0.0	100.0
사무/관리/전문직	(441)	59.0	37.9	96.8	2.7	0.5	3.2	100.0
주부	(146)	50.7	46.6	97.3	1.4	1.4	2.7	100.0
학생	(43)	60.5	32.6	93.0	4.7	2.3	7.0	100.0
무직/퇴직/기타	(136)	64.7	32.4	97.1	2.9	0.0	2.9	100.0
가구소득								
200만원이하	(110)	61.8	35.5	97.3	1.8	0.9	2.7	100.0
201-300만원이하	(148)	50.7	43.2	93.9	5.4	0.7	6.1	100.0
301-400만원이하	(156)	57.7	41.0	98.7	0.6	0.6	1.3	100.0
401-500만원이하	(172)	58.7	37.8	96.5	2.3	1.2	3.5	100.0
501만원 이상	(414)	61.6	36.0	97.6	1.9	0.5	2.4	100.0
이념성향								
진보	(278)	55.8	41.4	97.1	2.5	0.4	2.9	100.0
중도	(409)	59.2	37.9	97.1	2.2	0.7	2.9	100.0
보수	(313)	61.3	35.5	96.8	2.2	1.0	3.2	100.0

[계 속]

부록. 조사 결과표

[표 4] 북한인권의 심각성 평가
[문2] 귀하께서는 북한인권 상황이 심각하다고 생각하십니까, 아니면 심각하지 않다고 생각하십니까?

(단위 : %)

Base=전체	사례수 (명)	매우 심각하다	어느 정도 심각하다	①+②	별로 심각하지 않다	전혀 심각하지 않다	③+④	계
◼ 전체 ◼	(1000)	58.9	38.1	97.0	2.3	0.7	3.0	100.0
북한인권 개선								
개선되고 있다	(75)	30.7	57.3	88.0	10.7	1.3	12.0	100.0
변함없다	(670)	52.7	44.8	97.5	2.1	0.4	2.5	100.0
나빠지고 있다	(255)	83.5	14.9	98.4	0.4	1.2	1.6	100.0
북한인권 개선 가능성								
가능성이 있다	(192)	38.5	54.7	93.2	6.3	0.5	6.8	100.0
가능성이 없다	(808)	63.7	34.2	97.9	1.4	0.7	2.1	100.0
북한인권 관심도								
관심이 있다	(658)	68.8	30.1	98.9	1.1	0.0	1.1	100.0
관심이 없다	(342)	39.8	53.5	93.3	4.7	2.0	6.7	100.0
북한인권 심각성								
심각하다	(970)	60.7	39.3	100.0	0.0	0.0	0.0	100.0
심각하지 않다	(30)	0.0	0.0	0.0	76.7	23.3	100.0	100.0
북한인권 개입								
간섭해서는 안된다	(360)	43.6	51.4	95.0	3.6	1.4	5.0	100.0
개입해야 한다	(640)	67.5	30.6	98.1	1.6	0.3	1.9	100.0
인권단체 도움여부								
도움이 된다	(534)	63.7	35.4	99.1	0.7	0.2	0.9	100.0
도움이 안된다	(466)	53.4	41.2	94.6	4.1	1.3	5.4	100.0

[표 5] 북한인권에 대한 평가
[문3] 귀하께서는 북한인권이 예전에 비해 개선되고 있다고 보십니까, 아니면 그렇지 않다고 생각하십니까?

(단위 : %)

	Base=전체	사례수 (명)	개선되고 있다	변함없다	나빠지고 있다	계
	◨ 전체 ◨	(1000)	7.5	67.0	25.5	100.0
성별						
	남자	(495)	6.1	63.6	30.3	100.0
	여자	(505)	8.9	70.3	20.8	100.0
연령						
	19-29세	(145)	6.9	64.8	28.3	100.0
	30-39세	(152)	6.6	65.8	27.6	100.0
	40-49세	(184)	10.3	64.1	25.5	100.0
	50-59세	(200)	7.0	70.0	23.0	100.0
	60세이상	(319)	6.9	68.3	24.8	100.0
권역						
	서울	(186)	10.2	62.4	27.4	100.0
	인천/경기	(326)	7.7	65.6	26.7	100.0
	대전/세종/충청	(106)	8.5	64.2	27.4	100.0
	광주/전라	(94)	6.4	69.1	24.5	100.0
	대구/경북	(97)	3.1	70.1	26.8	100.0
	부산/울산/경남	(148)	6.8	73.6	19.6	100.0
	강원/제주	(43)	7.0	69.8	23.3	100.0
학력						
	고졸이하	(198)	7.6	68.7	23.7	100.0
	대재이상	(802)	7.5	66.6	25.9	100.0
직업						
	농/임/어업	(7)	14.3	28.6	57.1	100.0
	자영업	(82)	1.2	68.3	30.5	100.0
	판매/영업/서비스직	(86)	8.1	69.8	22.1	100.0
	생산/기능/노무직	(59)	3.4	67.8	28.8	100.0
	사무/관리/전문직	(441)	9.5	63.9	26.5	100.0
	주부	(146)	7.5	72.6	19.9	100.0
	학생	(43)	14.0	58.1	27.9	100.0
	무직/퇴직/기타	(136)	3.7	72.8	23.5	100.0
가구소득						
	200만원이하	(110)	3.6	73.6	22.7	100.0
	201-300만원이하	(148)	10.8	69.6	19.6	100.0
	301-400만원이하	(156)	7.1	68.6	24.4	100.0
	401-500만원이하	(172)	9.3	69.2	21.5	100.0
	501만원 이상	(414)	6.8	62.8	30.4	100.0
이념성향						
	진보	(278)	8.3	72.3	19.4	100.0
	중도	(409)	7.3	68.0	24.7	100.0
	보수	(313)	7.0	61.0	31.9	100.0

[계 속]

[표 5] 북한인권에 대한 평가

[문3] 귀하께서는 북한인권이 예전에 비해 개선되고 있다고 보십니까, 아니면 그렇지 않다고 생각하십니까?

(단위 : %)

Base=전체		사례수 (명)	개선되고 있다	변함없다	나빠지고 있다	계
■ 전체 ■		(1000)	7.5	67.0	25.5	100.0
북한인권 개선						
	개선되고 있다	(75)	100.0	0.0	0.0	100.0
	변함없다	(670)	0.0	100.0	0.0	100.0
	나빠지고 있다	(255)	0.0	0.0	100.0	100.0
북한인권 개선 가능성						
	가능성이 있다	(192)	30.7	65.6	3.6	100.0
	가능성이 없다	(808)	2.0	67.3	30.7	100.0
북한인권 관심도						
	관심이 있다	(658)	7.6	62.6	29.8	100.0
	관심이 없다	(342)	7.3	75.4	17.3	100.0
북한인권 심각성						
	심각하다	(970)	6.8	67.3	25.9	100.0
	심각하지 않다	(30)	30.0	56.7	13.3	100.0
북한인권 개입						
	간섭해서는 안된다	(360)	10.8	70.8	18.3	100.0
	개입해야 한다	(640)	5.6	64.8	29.5	100.0
인권단체 도움여부						
	도움이 된다	(534)	8.4	66.3	25.3	100.0
	도움이 안된다	(466)	6.4	67.8	25.8	100.0

[표 6] 북한인권의 개선 가능성
[문4] 귀하께서는 북한인권이 앞으로 더 개선될 가능성이 있다고 보십니까, 없다고 보십니까?

(단위 : %)

Base=전체		사례수 (명)	더 개선될 가능성이 있다	더 개선될 가능성이 없다	계
■ 전체 ■		(1000)	19.2	80.8	100.0
성별					
	남자	(495)	20.6	79.4	100.0
	여자	(505)	17.8	82.2	100.0
연령					
	19-29세	(145)	17.9	82.1	100.0
	30-39세	(152)	14.5	85.5	100.0
	40-49세	(184)	22.8	77.2	100.0
	50-59세	(200)	20.5	79.5	100.0
	60세이상	(319)	19.1	80.9	100.0
권역					
	서울	(186)	23.7	76.3	100.0
	인천/경기	(326)	17.8	82.2	100.0
	대전/세종/충청	(106)	22.6	77.4	100.0
	광주/전라	(94)	18.1	81.9	100.0
	대구/경북	(97)	12.4	87.6	100.0
	부산/울산/경남	(148)	19.6	80.4	100.0
	강원/제주	(43)	18.6	81.4	100.0
학력					
	고졸이하	(198)	18.2	81.8	100.0
	대재이상	(802)	19.5	80.5	100.0
직업					
	농/임/어업	(7)	14.3	85.7	100.0
	자영업	(82)	17.1	82.9	100.0
	판매/영업/서비스직	(86)	19.8	80.2	100.0
	생산/기능/노무직	(59)	18.6	81.4	100.0
	사무/관리/전문직	(441)	20.9	79.1	100.0
	주부	(146)	14.4	85.6	100.0
	학생	(43)	32.6	67.4	100.0
	무직/퇴직/기타	(136)	16.2	83.8	100.0
가구소득					
	200만원이하	(110)	12.7	87.3	100.0
	201-300만원이하	(148)	22.3	77.7	100.0
	301-400만원이하	(156)	17.9	82.1	100.0
	401-500만원이하	(172)	23.8	76.2	100.0
	501만원 이상	(414)	18.4	81.6	100.0
이념성향					
	진보	(278)	24.8	75.2	100.0
	중도	(409)	15.6	84.4	100.0
	보수	(313)	18.8	81.2	100.0

[계 속]

[표 6] 북한인권의 개선 가능성

[문4] 귀하께서는 북한인권이 앞으로 더 개선될 가능성이 있다고 보십니까, 없다고 보십니까?

(단위 : %)

Base=전체	사례수 (명)	더 개선될 가능성이 있다	더 개선될 가능성이 없다	계
■ 전체 ■	(1000)	19.2	80.8	100.0
북한인권 개선				
개선되고 있다	(75)	78.7	21.3	100.0
변함없다	(670)	18.8	81.2	100.0
나빠지고 있다	(255)	2.7	97.3	100.0
북한인권 개선 가능성				
가능성이 있다	(192)	100.0	0.0	100.0
가능성이 없다	(808)	0.0	100.0	100.0
북한인권 관심도				
관심이 있다	(658)	21.3	78.7	100.0
관심이 없다	(342)	15.2	84.8	100.0
북한인권 심각성				
심각하다	(970)	18.5	81.5	100.0
심각하지 않다	(30)	43.3	56.7	100.0
북한인권 개입				
간섭해서는 안된다	(360)	21.7	78.3	100.0
개입해야 한다	(640)	17.8	82.2	100.0
인권단체 도움여부				
도움이 된다	(534)	22.5	77.5	100.0
도움이 안된다	(466)	15.5	84.5	100.0

[표 7] 북한 난민 발생 시 정부 대응책

[문5] 만약 북한 난민이 대규모로 발생할 경우 우리 정부가 취해야 할 적절한 대응책은 무엇이라고 생각하십니까?

(단위 %)

Base=전체	사례수 (명)	북한이탈주민은 같은 동포이기 때문에 우리나라에 살고자 하는 사람은 모두 받아야 한다	경제적 능력과 외교적 부담을 고려하여 선별적으로 받아들여야 한다	우리 사회에 큰 부담이 되기 때문에 받아들여서는 안 된다	계
■ 전체 ■	(1000)	40.0	50.1	9.9	100.0
성별					
남자	(495)	44.8	47.5	7.7	100.0
여자	(505)	35.2	52.7	12.1	100.0
연령					
19-29세	(145)	30.3	57.2	12.4	100.0
30-39세	(152)	21.7	59.2	19.1	100.0
40-49세	(184)	35.9	54.3	9.8	100.0
50-59세	(200)	46.0	48.0	6.0	100.0
60세이상	(319)	51.7	41.4	6.9	100.0
권역					
서울	(186)	41.9	48.9	9.1	100.0
인천/경기	(326)	41.4	49.4	9.2	100.0
대전/세종/충청	(106)	34.9	52.8	12.3	100.0
광주/전라	(94)	42.6	51.1	6.4	100.0
대구/경북	(97)	35.1	55.7	9.3	100.0
부산/울산/경남	(148)	39.9	47.3	12.8	100.0
강원/제주	(43)	39.5	48.8	11.6	100.0
학력					
고졸이하	(198)	40.9	47.0	12.1	100.0
대재이상	(802)	39.8	50.9	9.4	100.0
직업					
농/임/어업	(7)	57.1	42.9	0.0	100.0
자영업	(82)	54.9	39.0	6.1	100.0
판매/영업/서비스직	(86)	44.2	51.2	4.7	100.0
생산/기능/노무직	(59)	33.9	61.0	5.1	100.0
사무/관리/전문직	(441)	37.0	52.4	10.7	100.0
주부	(146)	37.0	50.7	12.3	100.0
학생	(43)	41.9	44.2	14.0	100.0
무직/퇴직/기타	(136)	42.6	45.6	11.8	100.0
가구소득					
200만원이하	(110)	39.1	44.5	16.4	100.0
201-300만원이하	(148)	37.8	52.7	9.5	100.0
301-400만원이하	(156)	37.8	49.4	12.8	100.0
401-500만원이하	(172)	46.5	47.1	6.4	100.0
501만원 이상	(414)	39.1	52.2	8.7	100.0

[계 속]

[표 7] 북한 난민 발생 시 정부 대응책

[문5] 만약 북한 난민이 대규모로 발생할 경우 우리 정부가 취해야 할 적절한 대응책은 무엇이라고 생각하십니까?

(단위 : %)

Base=전체	사례수 (명)	북한이탈주민은 같은 동포이기 때문에 우리나라에 살고자 하는 사람은 모두 받아야 한다	경제적 능력과 외교적 부담을 고려하여 선별적으로 받아들여야 한다	우리 사회에 큰 부담이 되기 때문에 받아들여서는 안 된다	계
■ 전체 ■	(1000)	40.0	50.1	9.9	100.0
이념성향					
진보	(278)	42.8	51.8	5.4	100.0
중도	(409)	35.9	51.1	13.0	100.0
보수	(313)	42.8	47.3	9.9	100.0
북한인권 개선					
개선되고 있다	(75)	45.3	42.7	12.0	100.0
변함없다	(670)	38.2	51.8	10.0	100.0
나빠지고 있다	(255)	43.1	47.8	9.0	100.0
북한인권 개선 가능성					
가능성이 있다	(192)	46.4	47.9	5.7	100.0
가능성이 없다	(808)	38.5	50.6	10.9	100.0
북한인권 관심도					
관심이 있다	(658)	46.5	48.3	5.2	100.0
관심이 없다	(342)	27.5	53.5	19.0	100.0
북한인권 심각성					
심각하다	(970)	40.4	50.4	9.2	100.0
심각하지 않다	(30)	26.7	40.0	33.3	100.0
북한인권 개입					
간섭해서는 안된다	(360)	27.5	52.5	20.0	100.0
개입해야 한다	(640)	47.0	48.8	4.2	100.0
인권단체 도움여부					
도움이 된다	(534)	46.3	47.9	5.8	100.0
도움이 안된다	(466)	32.8	52.6	14.6	100.0

[표 8] 북한인권 관련 이슈 인지 여부 : 유엔 북한인권결의안
[문6-1] 북한인권과 관련하여 다음 불러드리는 이슈에 대해 알고 있는지, 아니면 처음 듣는 것인지 말씀해주세요.

(단위 : %)

	Base=전체	사례수 (명)	들어 봤거나 알고 있다	처음 듣는다	계
	■ 전체 ■	(1000)	74.4	25.6	100.0
성별					
	남자	(495)	83.6	16.4	100.0
	여자	(505)	65.3	34.7	100.0
연령					
	19-29세	(145)	55.9	44.1	100.0
	30-39세	(152)	65.8	34.2	100.0
	40-49세	(184)	75.5	24.5	100.0
	50-59세	(200)	79.0	21.0	100.0
	60세이상	(319)	83.4	16.6	100.0
권역					
	서울	(186)	79.0	21.0	100.0
	인천/경기	(326)	76.4	23.6	100.0
	대전/세종/충청	(106)	69.8	30.2	100.0
	광주/전라	(94)	72.3	27.7	100.0
	대구/경북	(97)	73.2	26.8	100.0
	부산/울산/경남	(148)	70.9	29.1	100.0
	강원/제주	(43)	69.8	30.2	100.0
학력					
	고졸이하	(198)	66.2	33.8	100.0
	대재이상	(802)	76.4	23.6	100.0
직업					
	농/임/어업	(7)	71.4	28.6	100.0
	자영업	(82)	90.2	9.8	100.0
	판매/영업/서비스직	(86)	70.9	29.1	100.0
	생산/기능/노무직	(59)	79.7	20.3	100.0
	사무/관리/전문직	(441)	75.1	24.9	100.0
	주부	(146)	66.4	33.6	100.0
	학생	(43)	65.1	34.9	100.0
	무직/퇴직/기타	(136)	74.3	25.7	100.0
가구소득					
	200만원이하	(110)	67.3	32.7	100.0
	201-300만원이하	(148)	64.9	35.1	100.0
	301-400만원이하	(156)	79.5	20.5	100.0
	401-500만원이하	(172)	75.6	24.4	100.0
	501만원 이상	(414)	77.3	22.7	100.0
이념성향					
	진보	(278)	75.2	24.8	100.0
	중도	(409)	66.7	33.3	100.0
	보수	(313)	83.7	16.3	100.0

[계 속]

부록. 조사 결과표

[표 8] 북한인권 관련 이슈 인지 여부 : 유엔 북한인권결의안

[문6-1] 북한인권과 관련하여 다음 불러드리는 이슈에 대해 알고 있는지, 아니면 처음 듣는 것인지 말씀해주세요.

(단위 : %)

Base=전체	사례수 (명)	들어 봤거나 알고 있다	처음 듣는다	계
■ 전체 ■	(1,000)	73.1	26.9	100.0
북한인권 개선				
개선되고 있다	(75)	72.0	28.0	100.0
변함없다	(670)	71.8	28.2	100.0
나빠지고 있다	(255)	82.0	18.0	100.0
북한인권 개선 가능성				
가능성이 있다	(192)	80.2	19.8	100.0
가능성이 없다	(808)	73.0	27.0	100.0
북한인권 관심도				
관심이 있다	(658)	86.5	13.5	100.0
관심이 없다	(342)	51.2	48.8	100.0
북한인권 심각성				
심각하다	(970)	74.6	25.4	100.0
심각하지 않다	(30)	66.7	33.3	100.0
북한인권 개입				
간섭해서는 안된다	(360)	60.3	39.7	100.0
개입해야 한다	(640)	82.3	17.7	100.0
인권단체 도움여부				
도움이 된다	(534)	77.5	22.5	100.0
도움이 안된다	(466)	70.8	29.2	100.0

[표 9] 북한인권 관련 이슈 인지 여부 : 김정은 국제형사재판소(ICC) 제소
[문6-2] 북한인권과 관련하여 다음 불러드리는 이슈에 대해 알고 있는지, 아니면 처음 듣는 것인지 말씀해주세요.

(단위 : %)

Base=전체		사례수 (명)	들어 봤거나 알고 있다	처음 듣는다	계
■ 전체 ■		(1000)	42.5	57.5	100.0
성별					
	남자	(495)	50.1	49.9	100.0
	여자	(505)	35.0	65.0	100.0
연령					
	19-29세	(145)	33.1	66.9	100.0
	30-39세	(152)	32.2	67.8	100.0
	40-49세	(184)	34.8	65.2	100.0
	50-59세	(200)	45.5	54.5	100.0
	60세이상	(319)	54.2	45.8	100.0
권역					
	서울	(186)	44.6	55.4	100.0
	인천/경기	(326)	42.0	58.0	100.0
	대전/세종/충청	(106)	37.7	62.3	100.0
	광주/전라	(94)	42.6	57.4	100.0
	대구/경북	(97)	42.3	57.7	100.0
	부산/울산/경남	(148)	45.9	54.1	100.0
	강원/제주	(43)	37.2	62.8	100.0
학력					
	고졸이하	(198)	43.4	56.6	100.0
	대재이상	(802)	42.3	57.7	100.0
직업					
	농/임/어업	(7)	71.4	28.6	100.0
	자영업	(82)	54.9	45.1	100.0
	판매/영업/서비스직	(86)	38.4	61.6	100.0
	생산/기능/노무직	(59)	35.6	64.4	100.0
	사무/관리/전문직	(441)	43.3	56.7	100.0
	주부	(146)	42.5	57.5	100.0
	학생	(43)	34.9	65.1	100.0
	무직/퇴직/기타	(136)	39.0	61.0	100.0
가구소득					
	200만원이하	(110)	29.1	70.9	100.0
	201-300만원이하	(148)	44.6	55.4	100.0
	301-400만원이하	(156)	44.9	55.1	100.0
	401-500만원이하	(172)	44.2	55.8	100.0
	501만원 이상	(414)	43.7	56.3	100.0
이념성향					
	진보	(278)	38.5	61.5	100.0
	중도	(409)	39.6	60.4	100.0
	보수	(313)	49.8	50.2	100.0

[계 속]

부록. 조사 결과표

[표 9] 북한인권 관련 이슈 인지 여부 : 김정은 국제형사재판소(ICC) 제소
[문6-2] 북한인권과 관련하여 다음 불러드리는 이슈에 대해 알고 있는지, 아니면 처음 듣는 것인지 말씀해주세요.

(단위 : %)

Base=전체	사례수 (명)	들어 봤거나 알고 있다	처음 듣는다	계
■ 전체 ■	(1000)	42.5	57.5	100.0
북한인권 개선				
개선되고 있다	(75)	45.3	54.7	100.0
변함없다	(670)	37.8	62.2	100.0
나빠지고 있다	(255)	54.1	45.9	100.0
북한인권 개선 가능성				
가능성이 있다	(192)	40.6	59.4	100.0
가능성이 없다	(808)	42.9	57.1	100.0
북한인권 관심도				
관심이 있다	(658)	50.9	49.1	100.0
관심이 없다	(342)	26.3	73.7	100.0
북한인권 심각성				
심각하다	(970)	43.3	56.7	100.0
심각하지 않다	(30)	16.7	83.3	100.0
북한인권 개입				
간섭해서는 안된다	(360)	31.7	68.3	100.0
개입해야 한다	(640)	48.6	51.4	100.0
인권단체 도움여부				
도움이 된다	(534)	49.4	50.6	100.0
도움이 안된다	(466)	34.5	65.5	100.0

[표 10] 북한인권 관련 이슈 인지 여부 : 유엔 북한인권 현장사무소 서울 설치 운영
[문6-3] 북한인권과 관련하여 다음 불러드리는 이슈에 대해 알고 있는지, 아니면 처음 듣는 것인지 말씀해주세요.

(단위 : %)

Base=전체	사례수 (명)	들어 봤거나 알고 있다	처음 듣는다	계
■ 전체 ■	(1000)	26.2	73.8	100.0
성별				
남자	(495)	31.3	68.7	100.0
여자	(505)	21.2	78.8	100.0
연령				
19-29세	(145)	26.2	73.8	100.0
30-39세	(152)	23.0	77.0	100.0
40-49세	(184)	22.8	77.2	100.0
50-59세	(200)	28.0	72.0	100.0
60세이상	(319)	28.5	71.5	100.0
권역				
서울	(186)	26.3	73.7	100.0
인천/경기	(326)	25.5	74.5	100.0
대전/세종/충청	(106)	26.4	73.6	100.0
광주/전라	(94)	28.7	71.3	100.0
대구/경북	(97)	27.8	72.2	100.0
부산/울산/경남	(148)	25.0	75.0	100.0
강원/제주	(43)	25.6	74.4	100.0
학력				
고졸이하	(198)	16.2	83.8	100.0
대재이상	(802)	28.7	71.3	100.0
직업				
농/임/어업	(7)	42.9	57.1	100.0
자영업	(82)	34.1	65.9	100.0
판매/영업/서비스직	(86)	31.4	68.6	100.0
생산/기능/노무직	(59)	27.1	72.9	100.0
사무/관리/전문직	(441)	25.4	74.6	100.0
주부	(146)	19.9	80.1	100.0
학생	(43)	27.9	72.1	100.0
무직/퇴직/기타	(136)	25.7	74.3	100.0
가구소득				
200만원이하	(110)	20.9	79.1	100.0
201-300만원이하	(148)	29.1	70.9	100.0
301-400만원이하	(156)	24.4	75.6	100.0
401-500만원이하	(172)	24.4	75.6	100.0
501만원 이상	(414)	28.0	72.0	100.0
이념성향				
진보	(278)	23.7	76.3	100.0
중도	(409)	21.8	78.2	100.0
보수	(313)	34.2	65.8	100.0

[계 속]

부록. 조사 결과표

[표 10] 북한인권 관련 이슈 인지 여부 : 유엔 북한인권 현장사무소 서울 설치 운영
[문6-3] 북한인권과 관련하여 다음 불러드리는 이슈에 대해 알고 있는지, 아니면 처음 듣는 것인지 말씀해주세요.

(단위 : %)

Base=전체	사례수 (명)	들어 봤거나 알고 있다	처음 듣는다	계
■ 전체 ■	(1000)	26.2	73.8	100.0
북한인권 개선				
개선되고 있다	(75)	32.0	68.0	100.0
변함없다	(670)	21.6	78.4	100.0
나빠지고 있다	(255)	36.5	63.5	100.0
북한인권 개선 가능성				
가능성이 있다	(192)	29.7	70.3	100.0
가능성이 없다	(808)	25.4	74.6	100.0
북한인권 관심도				
관심이 있다	(658)	35.3	64.7	100.0
관심이 없다	(342)	8.8	91.2	100.0
북한인권 심각성				
심각하다	(970)	26.5	73.5	100.0
심각하지 않다	(30)	16.7	83.3	100.0
북한인권 개입				
간섭해서는 안된다	(360)	20.0	80.0	100.0
개입해야 한다	(640)	29.7	70.3	100.0
인권단체 도움여부				
도움이 된다	(534)	33.5	66.5	100.0
도움이 안된다	(466)	17.8	82.2	100.0

[표 11] 북한인권 관련 이슈 인지 여부 : 정치범수용소

[문6-4] 북한인권과 관련하여 다음 불러드리는 이슈에 대해 알고 있는지, 아니면 처음 듣는 것인지 말씀해주세요.

(단위 : %)

	Base=전체	사례수 (명)	들어 봤거나 알고 있다	처음 듣는다	계
	■ 전체 ■	(1000)	82.4	17.6	100.0
성별					
	남자	(495)	88.3	11.7	100.0
	여자	(505)	76.6	23.4	100.0
연령					
	19-29세	(145)	71.0	29.0	100.0
	30-39세	(152)	73.0	27.0	100.0
	40-49세	(184)	83.7	16.3	100.0
	50-59세	(200)	85.5	14.5	100.0
	60세이상	(319)	89.3	10.7	100.0
권역					
	서울	(186)	79.0	21.0	100.0
	인천/경기	(326)	87.7	12.3	100.0
	대전/세종/충청	(106)	84.0	16.0	100.0
	광주/전라	(94)	78.7	21.3	100.0
	대구/경북	(97)	80.4	19.6	100.0
	부산/울산/경남	(148)	78.4	21.6	100.0
	강원/제주	(43)	79.1	20.9	100.0
학력					
	고졸이하	(198)	75.8	24.2	100.0
	대재이상	(802)	84.0	16.0	100.0
직업					
	농/임/어업	(7)	85.7	14.3	100.0
	자영업	(82)	89.0	11.0	100.0
	판매/영업/서비스직	(86)	77.9	22.1	100.0
	생산/기능/노무직	(59)	88.1	11.9	100.0
	사무/관리/전문직	(441)	81.9	18.1	100.0
	주부	(146)	81.5	18.5	100.0
	학생	(43)	69.8	30.2	100.0
	무직/퇴직/기타	(136)	85.3	14.7	100.0
가구소득					
	200만원이하	(110)	80.0	20.0	100.0
	201-300만원이하	(148)	77.7	22.3	100.0
	301-400만원이하	(156)	81.4	18.6	100.0
	401-500만원이하	(172)	82.0	18.0	100.0
	501만원 이상	(414)	85.3	14.7	100.0
이념성향					
	진보	(278)	84.2	15.8	100.0
	중도	(409)	78.5	21.5	100.0
	보수	(313)	85.9	14.1	100.0

[계 속]

부록. 조사 결과표

[표 11] 북한인권 관련 이슈 인지 여부 : 정치범수용소

[문6-4] 북한인권과 관련하여 다음 불러드리는 이슈에 대해 알고 있는지, 아니면 처음 듣는 것인지 말씀해주세요.

(단위 : %)

Base=전체	사례수 (명)	들어 봤거나 알고 있다	처음 듣는다	계
■ 전체 ■	(1000)	82.4	17.6	100.0
북한인권 개선				
개선되고 있다	(75)	84.0	16.0	100.0
변함없다	(670)	79.3	20.7	100.0
나빠지고 있다	(255)	90.2	9.8	100.0
북한인권 개선 가능성				
가능성이 있다	(192)	85.9	14.1	100.0
가능성이 없다	(808)	81.6	18.4	100.0
북한인권 관심도				
관심이 있다	(658)	88.4	11.6	100.0
관심이 없다	(342)	70.8	29.2	100.0
북한인권 심각성				
심각하다	(970)	83.2	16.8	100.0
심각하지 않다	(30)	56.7	43.3	100.0
북한인권 개입				
간섭해서는 안된다	(360)	70.6	29.4	100.0
개입해야 한다	(640)	89.1	10.9	100.0
인권단체 도움여부				
도움이 된다	(534)	84.1	15.9	100.0
도움이 안된다	(466)	80.5	19.5	100.0

[표 12] 북한인권 관련 이슈 인지 여부 : 공개처형

[문6-5] 북한인권과 관련하여 다음 불러드리는 이슈에 대해 알고 있는지, 아니면 처음 듣는 것인지 말씀해주세요.

(단위 : %)

Base=전체		사례수 (명)	들어 봤거나 알고 있다	처음 듣는다	계
■ 전체 ■		(1000)	92.0	8.0	100.0
성별					
	남자	(495)	94.5	5.5	100.0
	여자	(505)	89.5	10.5	100.0
연령					
	19-29세	(145)	89.0	11.0	100.0
	30-39세	(152)	86.8	13.2	100.0
	40-49세	(184)	93.5	6.5	100.0
	50-59세	(200)	92.5	7.5	100.0
	60세이상	(319)	94.7	5.3	100.0
권역					
	서울	(186)	88.7	11.3	100.0
	인천/경기	(326)	94.5	5.5	100.0
	대전/세종/충청	(106)	89.6	10.4	100.0
	광주/전라	(94)	93.6	6.4	100.0
	대구/경북	(97)	91.8	8.2	100.0
	부산/울산/경남	(148)	92.6	7.4	100.0
	강원/제주	(43)	88.4	11.6	100.0
학력					
	고졸이하	(198)	89.4	10.6	100.0
	대재이상	(802)	92.6	7.4	100.0
직업					
	농/임/어업	(7)	100.0	0.0	100.0
	자영업	(82)	95.1	4.9	100.0
	판매/영업/서비스직	(86)	94.2	5.8	100.0
	생산/기능/노무직	(59)	86.4	13.6	100.0
	사무/관리/전문직	(441)	92.5	7.5	100.0
	주부	(146)	91.1	8.9	100.0
	학생	(43)	83.7	16.3	100.0
	무직/퇴직/기타	(136)	92.6	7.4	100.0
가구소득					
	200만원이하	(110)	91.8	8.2	100.0
	201-300만원이하	(148)	91.2	8.8	100.0
	301-400만원이하	(156)	90.4	9.6	100.0
	401-500만원이하	(172)	89.5	10.5	100.0
	501만원 이상	(414)	94.0	6.0	100.0
이념성향					
	진보	(278)	93.5	6.5	100.0
	중도	(409)	90.2	9.8	100.0
	보수	(313)	93.0	7.0	100.0

[계 속]

[표 12] 북한인권 관련 이슈 인지 여부 : 공개처형

[문6-5] 북한인권과 관련하여 다음 불러드리는 이슈에 대해 알고 있는지, 아니면 처음 듣는 것인지 말씀해주세요.

(단위 : %)

Base=전체	사례수 (명)	들어 봤거나 알고 있다	처음 듣는다	계
■ 전체 ■	(1000)	92.0	8.0	100.0
북한인권 개선				
개선되고 있다	(75)	88.0	12.0	100.0
변함없다	(670)	91.2	8.8	100.0
나빠지고 있다	(255)	95.3	4.7	100.0
북한인권 개선 가능성				
가능성이 있다	(192)	90.1	9.9	100.0
가능성이 없다	(808)	92.5	7.5	100.0
북한인권 관심도				
관심이 있다	(658)	94.4	5.6	100.0
관심이 없다	(342)	87.4	12.6	100.0
북한인권 심각성				
심각하다	(970)	92.9	7.1	100.0
심각하지 않다	(30)	63.3	36.7	100.0
북한인권 개입				
간섭해서는 안된다	(360)	87.5	12.5	100.0
개입해야 한다	(640)	94.5	5.5	100.0
인권단체 도움여부				
도움이 된다	(534)	92.5	7.5	100.0
도움이 안된다	(466)	91.4	8.6	100.0

[표 13] 북한인권 관련 이슈 인지 여부 : 인신매매

[문6-6] 북한인권과 관련하여 다음 불러드리는 이슈에 대해 알고 있는지, 아니면 처음 듣는 것인지 말씀해주세요.

(단위 : %)

Base=전체		사례수 (명)	들어 봤거나 알고 있다	처음 듣는다	계
■ 전체 ■		(1000)	80.3	19.7	100.0
성별					
	남자	(495)	82.8	17.2	100.0
	여자	(505)	77.8	22.2	100.0
연령					
	19-29세	(145)	78.6	21.4	100.0
	30-39세	(152)	75.7	24.3	100.0
	40-49세	(184)	82.6	17.4	100.0
	50-59세	(200)	81.5	18.5	100.0
	60세이상	(319)	81.2	18.8	100.0
권역					
	서울	(186)	79.6	20.4	100.0
	인천/경기	(326)	82.5	17.5	100.0
	대전/세종/충청	(106)	81.1	18.9	100.0
	광주/전라	(94)	77.7	22.3	100.0
	대구/경북	(97)	81.4	18.6	100.0
	부산/울산/경남	(148)	77.0	23.0	100.0
	강원/제주	(43)	79.1	20.9	100.0
학력					
	고졸이하	(198)	76.8	23.2	100.0
	대재이상	(802)	81.2	18.8	100.0
직업					
	농/임/어업	(7)	85.7	14.3	100.0
	자영업	(82)	80.5	19.5	100.0
	판매/영업/서비스직	(86)	80.2	19.8	100.0
	생산/기능/노무직	(59)	81.4	18.6	100.0
	사무/관리/전문직	(441)	81.4	18.6	100.0
	주부	(146)	81.5	18.5	100.0
	학생	(43)	69.8	30.2	100.0
	무직/퇴직/기타	(136)	77.9	22.1	100.0
가구소득					
	200만원이하	(110)	72.7	27.3	100.0
	201-300만원이하	(148)	72.3	27.7	100.0
	301-400만원이하	(156)	83.3	16.7	100.0
	401-500만원이하	(172)	81.4	18.6	100.0
	501만원 이상	(414)	83.6	16.4	100.0
이념성향					
	진보	(278)	78.8	21.2	100.0
	중도	(409)	76.8	23.2	100.0
	보수	(313)	86.3	13.7	100.0

[계 속]

부록. 조사 결과표

[표 13] 북한인권 관련 이슈 인지 여부 : 인신매매

[문6-6] 북한인권과 관련하여 다음 불러드리는 이슈에 대해 알고 있는지, 아니면 처음 듣는 것인지 말씀해주세요.

(단위 : %)

Base=전체		사례수 (명)	들어 봤거나 알고 있다	처음 듣는다	계
■ 전체 ■		(1000)	80.3	19.7	100.0
북한인권 개선					
	개선되고 있다	(75)	77.3	22.7	100.0
	변함없다	(670)	78.1	21.9	100.0
	나빠지고 있다	(255)	87.1	12.9	100.0
북한인권 개선 가능성					
	가능성이 있다	(192)	81.8	18.2	100.0
	가능성이 없다	(808)	80.0	20.0	100.0
북한인권 관심도					
	관심이 있다	(658)	86.6	13.4	100.0
	관심이 없다	(342)	68.1	31.9	100.0
북한인권 심각성					
	심각하다	(970)	81.2	18.8	100.0
	심각하지 않다	(30)	50.0	50.0	100.0
북한인권 개입					
	간섭해서는 안된다	(360)	69.4	30.6	100.0
	개입해야 한다	(640)	86.4	13.6	100.0
인권단체 도움여부					
	도움이 된다	(534)	83.7	16.3	100.0
	도움이 안된다	(466)	76.4	23.6	100.0

[표 14] 북한인권 관련 이슈 인지 여부 : 북한인권법
[문6-7] 북한인권과 관련하여 다음 불러드리는 이슈에 대해 알고 있는지, 아니면 처음 듣는 것인지 말씀해주세요.

(단위 : %)

Base=전체	사례수 (명)	들어 봤거나 알고 있다	처음 듣는다	계
◼ 전체 ◼	(1000)	47.8	52.2	100.0
성별				
남자	(495)	56.8	43.2	100.0
여자	(505)	39.0	61.0	100.0
연령				
19-29세	(145)	44.1	55.9	100.0
30-39세	(152)	44.1	55.9	100.0
40-49세	(184)	39.1	60.9	100.0
50-59세	(200)	48.0	52.0	100.0
60세이상	(319)	56.1	43.9	100.0
권역				
서울	(186)	48.9	51.1	100.0
인천/경기	(326)	49.1	50.9	100.0
대전/세종/충청	(106)	48.1	51.9	100.0
광주/전라	(94)	44.7	55.3	100.0
대구/경북	(97)	43.3	56.7	100.0
부산/울산/경남	(148)	48.6	51.4	100.0
강원/제주	(43)	46.5	53.5	100.0
학력				
고졸이하	(198)	44.9	55.1	100.0
대재이상	(802)	48.5	51.5	100.0
직업				
농/임/어업	(7)	71.4	28.6	100.0
자영업	(82)	56.1	43.9	100.0
판매/영업/서비스직	(86)	43.0	57.0	100.0
생산/기능/노무직	(59)	49.2	50.8	100.0
사무/관리/전문직	(441)	47.2	52.8	100.0
주부	(146)	44.5	55.5	100.0
학생	(43)	46.5	53.5	100.0
무직/퇴직/기타	(136)	50.0	50.0	100.0
가구소득				
200만원이하	(110)	48.2	51.8	100.0
201-300만원이하	(148)	40.5	59.5	100.0
301-400만원이하	(156)	45.5	54.5	100.0
401-500만원이하	(172)	52.3	47.7	100.0
501만원 이상	(414)	49.3	50.7	100.0
이념성향				
진보	(278)	47.5	52.5	100.0
중도	(409)	41.1	58.9	100.0
보수	(313)	56.9	43.1	100.0

[계 속]

부록. 조사 결과표

[표 14] 북한인권 관련 이슈 인지 여부 : 북한인권법
[문6-7] 북한인권과 관련하여 다음 불러드리는 이슈에 대해 알고 있는지, 아니면 처음 듣는 것인지 말씀해주세요.

(단위 : %)

Base=전체	사례수 (명)	들어 봤거나 알고 있다	처음 듣는다	계
◼ 전체 ◼	(1000)	47.8	52.2	100.0
북한인권 개선				
개선되고 있다	(75)	53.3	46.7	100.0
변함없다	(670)	43.3	56.7	100.0
나빠지고 있다	(255)	58.0	42.0	100.0
북한인권 개선 가능성				
가능성이 있다	(192)	53.1	46.9	100.0
가능성이 없다	(808)	46.5	53.5	100.0
북한인권 관심도				
관심이 있다	(658)	58.1	41.9	100.0
관심이 없다	(342)	28.1	71.9	100.0
북한인권 심각성				
심각하다	(970)	48.1	51.9	100.0
심각하지 않다	(30)	36.7	63.3	100.0
북한인권 개입				
간섭해서는 안된다	(360)	37.5	62.5	100.0
개입해야 한다	(640)	53.6	46.4	100.0
인권단체 도움여부				
도움이 된다	(534)	53.0	47.0	100.0
도움이 안된다	(466)	41.8	58.2	100.0

[표 15] 북한인권 관련 이슈 인지 여부 : 북한인권재단

[문6-8] 북한인권과 관련하여 다음 불러드리는 이슈에 대해 알고 있는지, 아니면 처음 듣는 것인지 말씀해주세요.

(단위 : %)

Base=전체		사례수 (명)	들어 봤거나 알고 있다	처음 듣는다	계
■ 전체 ■		(1000)	31.0	69.0	100.0
성별					
	남자	(495)	36.2	63.8	100.0
	여자	(505)	25.9	74.1	100.0
연령					
	19-29세	(145)	30.3	69.7	100.0
	30-39세	(152)	25.0	75.0	100.0
	40-49세	(184)	26.6	73.4	100.0
	50-59세	(200)	29.0	71.0	100.0
	60세이상	(319)	37.9	62.1	100.0
권역					
	서울	(186)	30.1	69.9	100.0
	인천/경기	(326)	31.6	68.4	100.0
	대전/세종/충청	(106)	32.1	67.9	100.0
	광주/전라	(94)	33.0	67.0	100.0
	대구/경북	(97)	33.0	67.0	100.0
	부산/울산/경남	(148)	29.1	70.9	100.0
	강원/제주	(43)	25.6	74.4	100.0
학력					
	고졸이하	(198)	26.3	73.7	100.0
	대재이상	(802)	32.2	67.8	100.0
직업					
	농/임/어업	(7)	28.6	71.4	100.0
	자영업	(82)	37.8	62.2	100.0
	판매/영업/서비스직	(86)	36.0	64.0	100.0
	생산/기능/노무직	(59)	33.9	66.1	100.0
	사무/관리/전문직	(441)	29.5	70.5	100.0
	주부	(146)	24.0	76.0	100.0
	학생	(43)	37.2	62.8	100.0
	무직/퇴직/기타	(136)	33.1	66.9	100.0
가구소득					
	200만원이하	(110)	26.4	73.6	100.0
	201-300만원이하	(148)	30.4	69.6	100.0
	301-400만원이하	(156)	34.6	65.4	100.0
	401-500만원이하	(172)	30.8	69.2	100.0
	501만원 이상	(414)	31.2	68.8	100.0
이념성향					
	진보	(278)	29.5	70.5	100.0
	중도	(409)	25.9	74.1	100.0
	보수	(313)	39.0	61.0	100.0

[계 속]

[표 15] 북한인권 관련 이슈 인지 여부 : 북한인권재단

[문6-8] 북한인권과 관련하여 다음 불러드리는 이슈에 대해 알고 있는지, 아니면 처음 듣는 것인지 말씀해주세요.

(단위 : %)

Base=전체	사례수 (명)	들어 봤거나 알고 있다	처음 듣는다	계
■ 전체 ■	(1000)	31.0	69.0	100.0
북한인권 개선				
개선되고 있다	(75)	38.7	61.3	100.0
변함없다	(670)	26.0	74.0	100.0
나빠지고 있다	(255)	42.0	58.0	100.0
북한인권 개선 가능성				
가능성이 있다	(192)	40.1	59.9	100.0
가능성이 없다	(808)	28.8	71.2	100.0
북한인권 관심도				
관심이 있다	(658)	39.8	60.2	100.0
관심이 없다	(342)	14.0	86.0	100.0
북한인권 심각성				
심각하다	(970)	31.4	68.6	100.0
심각하지 않다	(30)	16.7	83.3	100.0
북한인권 개입				
간섭해서는 안된다	(360)	24.2	75.8	100.0
개입해야 한다	(640)	34.8	65.2	100.0
인권단체 도움여부				
도움이 된다	(534)	36.7	63.3	100.0
도움이 안된다	(466)	24.5	75.5	100.0

[표 16] 북한인권 관련 이슈 인지 여부 : 북한인권대사
[문6-9] 북한인권과 관련하여 다음 불러드리는 이슈에 대해 알고 있는지, 아니면 처음 듣는 것인지 말씀해주세요.

(단위 : %)

Base=전체	사례수 (명)	들어 봤거나 알고 있다	처음 듣는다	계
■ 전체 ■	(1000)	26.8	73.2	100.0
성별				
남자	(495)	31.1	68.9	100.0
여자	(505)	22.6	77.4	100.0
연령				
19-29세	(145)	31.7	68.3	100.0
30-39세	(152)	22.4	77.6	100.0
40-49세	(184)	22.3	77.7	100.0
50-59세	(200)	27.0	73.0	100.0
60세이상	(319)	29.2	70.8	100.0
권역				
서울	(186)	23.7	76.3	100.0
인천/경기	(326)	29.8	70.2	100.0
대전/세종/충청	(106)	28.3	71.7	100.0
광주/전라	(94)	23.4	76.6	100.0
대구/경북	(97)	25.8	74.2	100.0
부산/울산/경남	(148)	25.7	74.3	100.0
강원/제주	(43)	27.9	72.1	100.0
학력				
고졸이하	(198)	22.7	77.3	100.0
대재이상	(802)	27.8	72.2	100.0
직업				
농/임/어업	(7)	14.3	85.7	100.0
자영업	(82)	30.5	69.5	100.0
판매/영업/서비스직	(86)	29.1	70.9	100.0
생산/기능/노무직	(59)	25.4	74.6	100.0
사무/관리/전문직	(441)	26.1	73.9	100.0
주부	(146)	26.7	73.3	100.0
학생	(43)	34.9	65.1	100.0
무직/퇴직/기타	(136)	24.3	75.7	100.0
가구소득				
200만원이하	(110)	21.8	78.2	100.0
201-300만원이하	(148)	26.4	73.6	100.0
301-400만원이하	(156)	25.0	75.0	100.0
401-500만원이하	(172)	25.6	74.4	100.0
501만원 이상	(414)	29.5	70.5	100.0
이념성향				
진보	(278)	27.7	72.3	100.0
중도	(409)	22.2	77.8	100.0
보수	(313)	31.9	68.1	100.0

[계 속]

부록. 조사 결과표

[표 16] 북한인권 관련 이슈 인지 여부 : 북한인권대사 임명
[문6-9] 북한인권대사 임명

(단위 : %)

Base=전체	사례수 (명)	들어 봤거나 알고 있다	처음 듣는다	계
■ 전체 ■	(1000)	26.8	73.2	100.0
북한인권 개선				
개선되고 있다	(75)	33.3	66.7	100.0
변함없다	(670)	22.7	77.3	100.0
나빠지고 있다	(255)	35.7	64.3	100.0
북한인권 개선 가능성				
가능성이 있다	(192)	35.4	64.6	100.0
가능성이 없다	(808)	24.8	75.2	100.0
북한인권 관심도				
관심이 있다	(658)	33.4	66.6	100.0
관심이 없다	(342)	14.0	86.0	100.0
북한인권 심각성				
심각하다	(970)	27.1	72.9	100.0
심각하지 않다	(30)	16.7	83.3	100.0
북한인권 개입				
간섭해서는 안된다	(360)	19.7	80.3	100.0
개입해야 한다	(640)	30.8	69.2	100.0
인권단체 도움여부				
도움이 된다	(534)	33.5	66.5	100.0
도움이 안된다	(466)	19.1	80.9	100.0

[표 17] 북한인권 관련 이슈 인지 여부 : 법무부 북한인권기록보존소
[문6-10] 북한인권과 관련하여 다음 불러드리는 이슈에 대해 알고 있는지, 아니면 처음 듣는 것인지 말씀해주세요.

(단위 : %)

Base=전체	사례수 (명)	들어 봤거나 알고 있다	처음 듣는다	계
◼ 전체 ◼	(1000)	20.7	79.3	100.0
성별				
남자	(495)	22.8	77.2	100.0
여자	(505)	18.6	81.4	100.0
연령				
19-29세	(145)	26.2	73.8	100.0
30-39세	(152)	17.1	82.9	100.0
40-49세	(184)	19.0	81.0	100.0
50-59세	(200)	17.5	82.5	100.0
60세이상	(319)	22.9	77.1	100.0
권역				
서울	(186)	21.0	79.0	100.0
인천/경기	(326)	19.3	80.7	100.0
대전/세종/충청	(106)	23.6	76.4	100.0
광주/전라	(94)	21.3	78.7	100.0
대구/경북	(97)	22.7	77.3	100.0
부산/울산/경남	(148)	20.9	79.1	100.0
강원/제주	(43)	16.3	83.7	100.0
학력				
고졸이하	(198)	17.2	82.8	100.0
대재이상	(802)	21.6	78.4	100.0
직업				
농/임/어업	(7)	42.9	57.1	100.0
자영업	(82)	24.4	75.6	100.0
판매/영업/서비스직	(86)	23.3	76.7	100.0
생산/기능/노무직	(59)	23.7	76.3	100.0
사무/관리/전문직	(441)	19.7	80.3	100.0
주부	(146)	19.9	80.1	100.0
학생	(43)	23.3	76.7	100.0
무직/퇴직/기타	(136)	17.6	82.4	100.0
가구소득				
200만원이하	(110)	17.3	82.7	100.0
201-300만원이하	(148)	22.3	77.7	100.0
301-400만원이하	(156)	21.2	78.8	100.0
401-500만원이하	(172)	18.6	81.4	100.0
501만원 이상	(414)	21.7	78.3	100.0
이념성향				
진보	(278)	22.3	77.7	100.0
중도	(409)	15.2	84.8	100.0
보수	(313)	26.5	73.5	100.0

[계 속]

부록. 조사 결과표

[표 17] 북한인권 관련 이슈 인지 여부 : 법무부 북한인권기록보존소
[문6-10] 북한인권과 관련하여 다음 불러드리는 이슈에 대해 알고 있는지, 아니면 처음 듣는 것인지 말씀해주세요.

(단위 : %)

Base=전체	사례수 (명)	들어 봤거나 알고 있다	처음 듣는다	계
■ 전체 ■	(1000)	20.7	79.3	100.0
북한인권 개선				
개선되고 있다	(75)	36.0	64.0	100.0
변함없다	(670)	14.2	85.8	100.0
나빠지고 있다	(255)	33.3	66.7	100.0
북한인권 개선 가능성				
가능성이 있다	(192)	26.0	74.0	100.0
가능성이 없다	(808)	19.4	80.6	100.0
북한인권 관심도				
관심이 있다	(658)	27.5	72.5	100.0
관심이 없다	(342)	7.6	92.4	100.0
북한인권 심각성				
심각하다	(970)	21.1	78.9	100.0
심각하지 않다	(30)	6.7	93.3	100.0
북한인권 개입				
간섭해서는 안된다	(360)	15.0	85.0	100.0
개입해야 한다	(640)	23.9	76.1	100.0
인권단체 도움여부				
도움이 된다	(534)	27.0	73.0	100.0
도움이 안된다	(466)	13.5	86.5	100.0

[표 18] 북한인권 관련 이슈 인지 여부 : 통일부 북한인권기록센터
[문6-11] 북한인권과 관련하여 다음 불러드리는 이슈에 대해 알고 있는지, 아니면 처음 듣는 것인지 말씀해주세요.

(단위 : %)

Base=전체	사례수 (명)	들어 봤거나 알고 있다	처음 듣는다	계
■ 전체 ■	(1000)	26.8	73.2	100.0
성별				
남자	(495)	30.5	69.5	100.0
여자	(505)	23.2	76.8	100.0
연령				
19-29세	(145)	33.8	66.2	100.0
30-39세	(152)	18.4	81.6	100.0
40-49세	(184)	23.9	76.1	100.0
50-59세	(200)	26.0	74.0	100.0
60세이상	(319)	29.8	70.2	100.0
권역				
서울	(186)	29.0	71.0	100.0
인천/경기	(326)	27.0	73.0	100.0
대전/세종/충청	(106)	31.1	68.9	100.0
광주/전라	(94)	25.5	74.5	100.0
대구/경북	(97)	23.7	76.3	100.0
부산/울산/경남	(148)	25.7	74.3	100.0
강원/제주	(43)	18.6	81.4	100.0
학력				
고졸이하	(198)	22.7	77.3	100.0
대재이상	(802)	27.8	72.2	100.0
직업				
농/임/어업	(7)	14.3	85.7	100.0
자영업	(82)	29.3	70.7	100.0
판매/영업/서비스직	(86)	29.1	70.9	100.0
생산/기능/노무직	(59)	33.9	66.1	100.0
사무/관리/전문직	(441)	26.3	73.7	100.0
주부	(146)	21.9	78.1	100.0
학생	(43)	41.9	58.1	100.0
무직/퇴직/기타	(136)	23.5	76.5	100.0
가구소득				
200만원이하	(110)	22.7	77.3	100.0
201-300만원이하	(148)	22.3	77.7	100.0
301-400만원이하	(156)	30.8	69.2	100.0
401-500만원이하	(172)	29.1	70.9	100.0
501만원 이상	(414)	27.1	72.9	100.0
이념성향				
진보	(278)	28.1	71.9	100.0
중도	(409)	21.5	78.5	100.0
보수	(313)	32.6	67.4	100.0

[계 속]

부록. 조사 결과표

[표 18] 북한인권 관련 이슈 인지 여부 : 통일부 북한인권기록센터
[문6-11] 북한인권과 관련하여 다음 불러드리는 이슈에 대해 알고 있는지, 아니면 처음 듣는 것인지 말씀해주세요.

(단위 : %)

Base=전체	사례수 (명)	들어 봤거나 알고 있다	처음 듣는다	계
■ 전체 ■	(1000)	26.8	73.2	100.0
북한인권 개선				
개선되고 있다	(75)	34.7	65.3	100.0
변함없다	(670)	23.0	77.0	100.0
나빠지고 있다	(255)	34.5	65.5	100.0
북한인권 개선 가능성				
가능성이 있다	(192)	32.8	67.2	100.0
가능성이 없다	(808)	25.4	74.6	100.0
북한인권 관심도				
관심이 있다	(658)	34.2	65.8	100.0
관심이 없다	(342)	12.6	87.4	100.0
북한인권 심각성				
심각하다	(970)	27.0	73.0	100.0
심각하지 않다	(30)	20.0	80.0	100.0
북한인권 개입				
간섭해서는 안된다	(360)	19.2	80.8	100.0
개입해야 한다	(640)	31.1	68.9	100.0
인권단체 도움여부				
도움이 된다	(534)	34.3	65.7	100.0
도움이 안된다	(466)	18.2	81.8	100.0

[표 19] 북한인권 관련 이슈 인지 여부 : 탈북어민 북송사건
[문6-12] 북한인권과 관련하여 다음 불러드리는 이슈에 대해 알고 있는지, 아니면 처음 듣는 것인지 말씀해주세요.

(단위 : %)

Base=전체	사례수 (명)	들어 봤거나 알고 있다	처음 듣는다	계
■ 전체 ■	(1000)	85.3	14.7	100.0
성별				
남자	(495)	88.1	11.9	100.0
여자	(505)	82.6	17.4	100.0
연령				
19-29세	(145)	72.4	27.6	100.0
30-39세	(152)	78.9	21.1	100.0
40-49세	(184)	81.5	18.5	100.0
50-59세	(200)	89.5	10.5	100.0
60세이상	(319)	93.7	6.3	100.0
권역				
서울	(186)	87.6	12.4	100.0
인천/경기	(326)	86.5	13.5	100.0
대전/세종/충청	(106)	85.8	14.2	100.0
광주/전라	(94)	83.0	17.0	100.0
대구/경북	(97)	79.4	20.6	100.0
부산/울산/경남	(148)	83.8	16.2	100.0
강원/제주	(43)	88.4	11.6	100.0
학력				
고졸이하	(198)	79.3	20.7	100.0
대재이상	(802)	86.8	13.2	100.0
직업				
농/임/어업	(7)	100.0	0.0	100.0
자영업	(82)	90.2	9.8	100.0
판매/영업/서비스직	(86)	88.4	11.6	100.0
생산/기능/노무직	(59)	79.7	20.3	100.0
사무/관리/전문직	(441)	85.9	14.1	100.0
주부	(146)	87.0	13.0	100.0
학생	(43)	65.1	34.9	100.0
무직/퇴직/기타	(136)	84.6	15.4	100.0
가구소득				
200만원이하	(110)	79.1	20.9	100.0
201-300만원이하	(148)	84.5	15.5	100.0
301-400만원이하	(156)	85.9	14.1	100.0
401-500만원이하	(172)	83.7	16.3	100.0
501만원 이상	(414)	87.7	12.3	100.0
이념성향				
진보	(278)	86.3	13.7	100.0
중도	(409)	81.9	18.1	100.0
보수	(313)	88.8	11.2	100.0

[계 속]

부록. 조사 결과표

[표 19] 북한인권 관련 이슈 인지 여부 : 탈북어민 북송사건
[문6-12] 탈북어민 북송사건

(단위 : %)

Base=전체		사례수 (명)	들어 봤거나 알고 있다	처음 듣는다	계
■ 전체 ■		(1000)	85.3	14.7	100.0
북한인권 개선					
	개선되고 있다	(75)	81.3	18.7	100.0
	변함없다	(670)	84.5	15.5	100.0
	나빠지고 있다	(255)	88.6	11.4	100.0
북한인권 개선 가능성					
	가능성이 있다	(192)	84.4	15.6	100.0
	가능성이 없다	(808)	85.5	14.5	100.0
북한인권 관심도					
	관심이 있다	(658)	90.7	9.3	100.0
	관심이 없다	(342)	74.9	25.1	100.0
북한인권 심각성					
	심각하다	(970)	85.8	14.2	100.0
	심각하지 않다	(30)	70.0	30.0	100.0
북한인권 개입					
	간섭해서는 안된다	(360)	74.7	25.3	100.0
	개입해야 한다	(640)	91.3	8.8	100.0
인권단체 도움여부					
	도움이 된다	(534)	87.5	12.5	100.0
	도움이 안된다	(466)	82.8	17.2	100.0

[표 20] 북한인권기록센터(통일부) 운영 성과 평가

[문7] 2016년 북한인권법 통과 이후 통일부의 북한인권기록을 위한 북한인권기록센터 운영 성과에 대해 만족하십니까, 만족하지 않으십니까?

(단위 : %)

Base=전체	사례수(명)	매우 만족한다	대체로 만족한다	①+②	별로 만족하지 않는다	전혀 만족하지 않는다	③+④	모름/무응답	계
■ 전체 ■	(268)	1.9	25.4	27.2	38.8	16.0	54.9	17.9	100.0
성별									
남자	(151)	2.0	25.2	27.2	39.1	19.2	58.3	14.6	100.0
여자	(117)	1.7	25.6	27.4	38.5	12.0	50.4	22.2	100.0
연령									
19-29세	(49)	2.0	18.4	20.4	28.6	12.2	40.8	38.8	100.0
30-39세	(28)	0.0	35.7	35.7	17.9	28.6	46.4	17.9	100.0
40-49세	(44)	9.1	15.9	25.0	36.4	22.7	59.1	15.9	100.0
50-59세	(52)	0.0	26.9	26.9	42.3	13.5	55.8	17.3	100.0
60세이상	(95)	0.0	29.5	29.5	49.5	12.6	62.1	8.4	100.0
권역									
서울	(54)	5.6	29.6	35.2	40.7	7.4	48.1	16.7	100.0
인천/경기	(88)	0.0	18.2	18.2	38.6	23.9	62.5	19.3	100.0
대전/세종/충청	(33)	0.0	27.3	27.3	36.4	18.2	54.5	18.2	100.0
광주/전라	(24)	0.0	41.7	41.7	25.0	20.8	45.8	12.5	100.0
대구/경북	(23)	4.3	21.7	26.1	34.8	17.4	52.2	21.7	100.0
부산/울산/경남	(38)	0.0	28.9	28.9	47.4	7.9	55.3	15.8	100.0
강원/제주	(8)	12.5	12.5	25.0	50.0	0.0	50.0	25.0	100.0
학력									
고졸이하	(45)	2.2	26.7	28.9	40.0	13.3	53.3	17.8	100.0
대재이상	(223)	1.8	25.1	26.9	38.6	16.6	55.2	17.9	100.0
직업									
농/임/어업	(1)	0.0	100.0	100.0	0.0	0.0	0.0	0.0	100.0
자영업	(24)	4.2	16.7	20.8	50.0	16.7	66.7	12.5	100.0
판매/영업/서비스직	(25)	0.0	28.0	28.0	44.0	8.0	52.0	20.0	100.0
생산/기능/노무직	(20)	5.0	55.0	60.0	30.0	5.0	35.0	5.0	100.0
사무/관리/전문직	(116)	1.7	22.4	24.1	38.8	18.1	56.9	19.0	100.0
주부	(32)	0.0	18.8	18.8	40.6	21.9	62.5	18.8	100.0
학생	(18)	5.6	22.2	27.8	27.8	16.7	44.4	27.8	100.0
무직/퇴직/기타	(32)	0.0	28.1	28.1	37.5	15.6	53.1	18.8	100.0
가구소득									
200만원이하	(25)	0.0	20.0	20.0	36.0	12.0	48.0	32.0	100.0
201-300만원이하	(33)	3.0	21.2	24.2	30.3	18.2	48.5	27.3	100.0
301-400만원이하	(48)	2.1	18.8	20.8	39.6	14.6	54.2	25.0	100.0
401-500만원이하	(50)	0.0	34.0	34.0	38.0	16.0	54.0	12.0	100.0
501만원 이상	(112)	2.7	26.8	29.5	42.0	17.0	58.9	11.6	100.0
이념성향									
진보	(78)	0.0	28.2	28.2	35.9	19.2	55.1	16.7	100.0
중도	(88)	2.3	20.5	22.7	39.8	13.6	53.4	23.9	100.0
보수	(102)	2.9	27.5	30.4	40.2	15.7	55.9	13.7	100.0

[계 속]

[표 20] 북한인권기록센터(통일부) 운영 성과 평가

[문7] 2016년 북한인권법 통과 이후 통일부의 북한인권기록을 위한 북한인권기록센터 운영 성과에 대해 만족하십니까, 만족하지 않으십니까?

(단위 : %)

Base=전체	사례수(명)	매우 만족한다	대체로 만족한다	①+②	별로 만족하지 않는다	전혀 만족하지 않는다	③+④	모름/무응답	계
■ 전체 ■	(268)	1.9	25.4	27.2	38.8	16.0	54.9	17.9	100.0
북한인권 개선									
개선되고 있다	(26)	15.4	38.5	53.8	30.8	11.5	42.3	3.8	100.0
변함없다	(154)	0.0	26.6	26.6	42.9	9.7	52.6	20.8	100.0
나빠지고 있다	(88)	1.1	19.3	20.5	34.1	28.4	62.5	17.0	100.0
북한인권 개선 가능성									
가능성이 있다	(63)	6.3	41.3	47.6	33.3	6.3	39.7	12.7	100.0
가능성이 없다	(205)	0.5	20.5	21.0	40.5	19.0	59.5	19.5	100.0
북한인권 관심도									
관심이 있다	(225)	2.2	29.3	31.6	39.1	16.0	55.1	13.3	100.0
관심이 없다	(43)	0.0	4.7	4.7	37.2	16.3	53.5	41.9	100.0
북한인권 심각성									
심각하다	(262)	1.9	25.6	27.5	38.9	15.3	54.2	18.3	100.0
심각하지 않다	(6)	0.0	16.7	16.7	33.3	50.0	83.3	0.0	100.0
북한인권 개입									
간섭해서는 안된다	(69)	5.8	23.2	29.0	31.9	20.3	52.2	18.8	100.0
개입해야 한다	(199)	0.5	26.1	26.6	41.2	14.6	55.8	17.6	100.0
인권단체 도움여부									
도움이 된다	(183)	2.7	30.6	33.3	38.3	12.6	50.8	15.8	100.0
도움이 안된다	(85)	0.0	14.1	14.1	40.0	23.5	63.5	22.4	100.0

[표 21] 북한인권기록보존소(법무부) 운영 성과 평가

[문8] 2016년 북한인권법 통과 이후 법무부 북한인권기록보존소 운영 성과에 대해 만족하십니까, 만족하지 않으십니까?

(단위 : %)

Base=전체	사례수 (명)	매우 만족한다	대체로 만족한다	①+②	별로 만족하지 않는다	전혀 만족하지 않는다	③+④	모름/ 무응답	계
■ 전체 ■	(207)	3.4	29.0	32.4	35.7	18.8	54.6	13.0	100.0
성별									
남자	(113)	4.4	27.4	31.9	35.4	23.0	58.4	9.7	100.0
여자	(94)	2.1	30.9	33.0	36.2	13.8	50.0	17.0	100.0
연령									
19-29세	(38)	7.9	15.8	23.7	34.2	18.4	52.6	23.7	100.0
30-39세	(26)	3.8	23.1	26.9	30.8	38.5	69.2	3.8	100.0
40-49세	(35)	2.9	25.7	28.6	42.9	20.0	62.9	8.6	100.0
50-59세	(35)	2.9	37.1	40.0	37.1	14.3	51.4	8.6	100.0
60세이상	(73)	1.4	35.6	37.0	34.2	13.7	47.9	15.1	100.0
권역									
서울	(39)	10.3	38.5	48.7	33.3	5.1	38.5	12.8	100.0
인천/경기	(63)	1.6	12.7	14.3	41.3	27.0	68.3	17.5	100.0
대전/세종/충청	(25)	0.0	28.0	28.0	36.0	28.0	64.0	8.0	100.0
광주/전라	(20)	0.0	55.0	55.0	25.0	15.0	40.0	5.0	100.0
대구/경북	(22)	4.5	27.3	31.8	22.7	31.8	54.5	13.6	100.0
부산/울산/경남	(31)	0.0	32.3	32.3	45.2	6.5	51.6	16.1	100.0
강원/제주	(7)	14.3	42.9	57.1	28.6	14.3	42.9	0.0	100.0
학력									
고졸이하	(34)	0.0	26.5	26.5	35.3	20.6	55.9	17.6	100.0
대재이상	(173)	4.0	29.5	33.5	35.8	18.5	54.3	12.1	100.0
직업									
농/임/어업	(3)	0.0	100.0	100.0	0.0	0.0	0.0	0.0	100.0
자영업	(20)	0.0	30.0	30.0	35.0	20.0	55.0	15.0	100.0
판매/영업/서비스직	(20)	0.0	20.0	20.0	45.0	30.0	75.0	5.0	100.0
생산/기능/노무직	(14)	7.1	50.0	57.1	28.6	7.1	35.7	7.1	100.0
사무/관리/전문직	(87)	4.6	27.6	32.2	40.2	16.1	56.3	11.5	100.0
주부	(29)	0.0	20.7	20.7	34.5	20.7	55.2	24.1	100.0
학생	(10)	20.0	30.0	50.0	10.0	20.0	30.0	20.0	100.0
무직/퇴직/기타	(24)	0.0	29.2	29.2	33.3	25.0	58.3	12.5	100.0
가구소득									
200만원이하	(19)	0.0	36.8	36.8	26.3	21.1	47.4	15.8	100.0
201-300만원이하	(33)	3.0	30.3	33.3	27.3	18.2	45.5	21.2	100.0
301-400만원이하	(33)	3.0	24.2	27.3	39.4	18.2	57.6	15.2	100.0
401-500만원이하	(32)	0.0	31.3	31.3	43.8	9.4	53.1	15.6	100.0
501만원 이상	(90)	5.6	27.8	33.3	36.7	22.2	58.9	7.8	100.0
이념성향									
진보	(62)	3.2	25.8	29.0	35.5	22.6	58.1	12.9	100.0
중도	(62)	3.2	25.8	29.0	35.5	17.7	53.2	17.7	100.0
보수	(83)	3.6	33.7	37.3	36.1	16.9	53.0	9.6	100.0

[계 속]

부록. 조사 결과표

[표 21] 북한인권기록보존소(법무부) 운영 성과 평가

[문8] 2016년 북한인권법 통과 이후 법무부 북한인권기록보존소 운영 성과에 대해 만족하십니까, 만족하지 않으십니까?

(단위 : %)

Base=전체	사례수(명)	매우 만족한다	대체로 만족한다	①+②	별로 만족하지 않는다	전혀 만족하지 않는다	③+④	모름/무응답	계
■ 전체 ■	(207)	3.4	29.0	32.4	35.7	18.8	54.6	13.0	100.0
북한인권 개선									
개선되고 있다	(27)	11.1	44.4	55.6	33.3	7.4	40.7	3.7	100.0
변함없다	(95)	0.0	35.8	35.8	38.9	12.6	51.6	12.6	100.0
나빠지고 있다	(85)	4.7	16.5	21.2	32.9	29.4	62.4	16.5	100.0
북한인권 개선 가능성									
가능성이 있다	(50)	8.0	46.0	54.0	34.0	6.0	40.0	6.0	100.0
가능성이 없다	(157)	1.9	23.6	25.5	36.3	22.9	59.2	15.3	100.0
북한인권 관심도									
관심이 있다	(181)	3.9	32.6	36.5	37.0	17.7	54.7	8.8	100.0
관심이 없다	(26)	0.0	3.8	3.8	26.9	26.9	53.8	42.3	100.0
북한인권 심각성									
심각하다	(205)	3.4	29.3	32.7	35.6	18.5	54.1	13.2	100.0
심각하지 않다	(2)	0.0	0.0	0.0	50.0	50.0	100.0	0.0	100.0
북한인권 개입									
간섭해서는 안된다	(54)	5.6	35.2	40.7	25.9	18.5	44.4	14.8	100.0
개입해야 한다	(153)	2.6	26.8	29.4	39.2	19.0	58.2	12.4	100.0
인권단체 도움여부									
도움이 된다	(144)	4.2	36.8	41.0	34.0	16.0	50.0	9.0	100.0
도움이 안된다	(63)	1.6	11.1	12.7	39.7	25.4	65.1	22.2	100.0

[표 22] 탈북어민 북송사건 적절성
[문9] 2019년 탈북어민 2명을 북송한 것이 적절하였다고 보십니까, 적절하지 않았다고 보십니까?

(단위 : %)

Base=전체		사례수 (명)	매우 만족 한다	대체로 만족 한다	①+②	별로 만족 하지 않는다	전혀 만족하지 않는다	③+④	모름/ 무응답	계
■ 전체 ■		(853)	9.7	23.6	33.3	29.9	26.1	56.0	10.7	100.0
성별										
	남자	(436)	12.4	24.1	36.5	25.7	30.3	56.0	7.6	100.0
	여자	(417)	7.0	23.0	30.0	34.3	21.8	56.1	13.9	100.0
연령										
	19-29세	(105)	8.6	17.1	25.7	34.3	15.2	49.5	24.8	100.0
	30-39세	(120)	11.7	29.2	40.8	31.7	14.2	45.8	13.3	100.0
	40-49세	(150)	12.7	31.3	44.0	32.7	14.0	46.7	9.3	100.0
	50-59세	(179)	10.6	28.5	39.1	29.6	22.9	52.5	8.4	100.0
	60세이상	(299)	7.4	16.7	24.1	26.4	42.8	69.2	6.7	100.0
권역										
	서울	(163)	11.0	23.9	35.0	30.1	25.2	55.2	9.8	100.0
	인천/경기	(282)	11.3	22.0	33.3	29.8	27.7	57.4	9.2	100.0
	대전/세종/충청	(91)	11.0	20.9	31.9	33.0	23.1	56.0	12.1	100.0
	광주/전라	(78)	10.3	30.8	41.0	38.5	9.0	47.4	11.5	100.0
	대구/경북	(77)	2.6	20.8	23.4	16.9	42.9	59.7	16.9	100.0
	부산/울산/경남	(124)	8.1	24.2	32.3	33.1	25.8	58.9	8.9	100.0
	강원/제주	(38)	7.9	28.9	36.8	21.1	28.9	50.0	13.2	100.0
학력										
	고졸이하	(157)	8.9	24.2	33.1	34.4	22.3	56.7	10.2	100.0
	대재이상	(696)	9.9	23.4	33.3	28.9	27.0	55.9	10.8	100.0
직업										
	농/임/어업	(7)	0.0	14.3	14.3	28.6	57.1	85.7	0.0	100.0
	자영업	(74)	12.2	16.2	28.4	20.3	44.6	64.9	6.8	100.0
	판매/영업/서비스직	(76)	13.2	26.3	39.5	27.6	25.0	52.6	7.9	100.0
	생산/기능/노무직	(47)	8.5	27.7	36.2	38.3	19.1	57.4	6.4	100.0
	사무/관리/전문직	(379)	10.6	25.9	36.4	31.4	22.4	53.8	9.8	100.0
	주부	(127)	6.3	20.5	26.8	34.6	23.6	58.3	15.0	100.0
	학생	(28)	14.3	21.4	35.7	28.6	14.3	42.9	21.4	100.0
	무직/퇴직/기타	(115)	7.0	21.7	28.7	24.3	33.9	58.3	13.0	100.0
가구소득										
	200만원이하	(87)	8.0	18.4	26.4	33.3	26.4	59.8	13.8	100.0
	201-300만원이하	(125)	10.4	20.8	31.2	28.8	25.6	54.4	14.4	100.0
	301-400만원이하	(134)	11.2	25.4	36.6	29.9	25.4	55.2	8.2	100.0
	401-500만원이하	(144)	6.9	25.0	31.9	29.2	27.1	56.3	11.8	100.0
	501만원 이상	(363)	10.5	24.5	35.0	29.8	26.2	55.9	9.1	100.0
이념성향										
	진보	(240)	14.6	34.6	49.2	30.0	10.0	40.0	10.8	100.0
	중도	(335)	9.6	23.9	33.4	31.6	21.2	52.8	13.7	100.0
	보수	(278)	5.8	13.7	19.4	27.7	46.0	73.7	6.8	100.0

[계 속]

부록. 조사 결과표

[표 22] 탈북어민 북송사건 적절성

[문9] 2019년 탈북어민 2명을 북송한 것이 적절하였다고 보십니까, 적절하지 않았다고 보십니까?

(단위 : %)

Base=전체	사례수 (명)	매우 만족 한다	대체로 만족 한다	①+②	별로 만족 하지 않는다	전혀 만족하지 않는다	③+④	모름/ 무응답	계
■ 전체 ■	(853)	9.7	23.6	33.3	29.9	26.1	56.0	10.7	100.0
북한인권 개선									
개선되고 있다	(61)	26.2	34.4	60.7	23.0	14.8	37.7	1.6	100.0
변함없다	(566)	8.7	25.6	34.3	33.9	20.1	54.1	11.7	100.0
나빠지고 있다	(226)	8.0	15.5	23.5	21.7	44.2	65.9	10.6	100.0
북한인권 개선 가능성									
가능성이 있다	(162)	17.3	29.0	46.3	29.0	16.7	45.7	8.0	100.0
가능성이 없다	(691)	8.0	22.3	30.2	30.1	28.4	58.5	11.3	100.0
북한인권 관심도									
관심이 있다	(597)	9.2	22.3	31.5	31.2	30.5	61.6	6.9	100.0
관심이 없다	(256)	10.9	26.6	37.5	27.0	16.0	43.0	19.5	100.0
북한인권 심각성									
심각하다	(832)	9.1	23.9	33.1	29.8	26.3	56.1	10.8	100.0
심각하지 않다	(21)	33.3	9.5	42.9	33.3	19.0	52.4	4.8	100.0
북한인권 개입									
간섭해서는 안된다	(269)	15.2	31.6	46.8	29.0	14.1	43.1	10.0	100.0
개입해야 한다	(584)	7.2	19.9	27.1	30.3	31.7	62.0	11.0	100.0
인권단체 도움여부									
도움이 된다	(467)	7.1	22.9	30.0	30.6	30.2	60.8	9.2	100.0
도움이 안된다	(386)	13.0	24.4	37.3	29.0	21.2	50.3	12.4	100.0

[표 23] 북한인권 피해 조사 및 기록 주체 기관

[문10] 귀하께서는 북한인권 피해를 조사 및 기록하는 활동을 어떻게 진행하는 것이 적절하다고 생각하십니까?

(단위 : %)

Base=전체	사례수 (명)	정부 기관이 단독으로 진행해야 한다	정부와 민간 기관이 협력해야 한다	민간 기관이 단독으로 진행해야 한다	할 필요 없다	기타	계
■ 전체 ■	(1000)	10.6	78.3	3.7	6.8	0.6	100.0
성별	(1000)	10.6	78.3	3.7	6.8	0.6	
남자	(495)	10.1	80.0	4.0	5.1	0.8	100.0
여자	(505)	11.1	76.6	3.4	8.5	0.4	100.0
연령	(1000)	10.6	78.3	3.7	6.8	0.6	
19-29세	(145)	20.0	64.1	5.5	10.3	0.0	100.0
30-39세	(152)	15.1	71.1	3.3	9.9	0.7	100.0
40-49세	(184)	9.2	81.5	2.2	6.0	1.1	100.0
50-59세	(200)	6.5	84.5	2.5	6.0	0.5	100.0
60세이상	(319)	7.5	82.4	4.7	4.7	0.6	100.0
권역	(1000)	10.6	78.3	3.7	6.8	0.6	
서울	(186)	14.5	72.6	3.2	8.6	1.1	100.0
인천/경기	(326)	8.3	83.1	3.7	4.3	0.6	100.0
대전/세종/충청	(106)	16.0	71.7	3.8	8.5	0.0	100.0
광주/전라	(94)	10.6	81.9	2.1	4.3	1.1	100.0
대구/경북	(97)	7.2	76.3	5.2	11.3	0.0	100.0
부산/울산/경남	(148)	7.4	82.4	4.1	5.4	0.7	100.0
강원/제주	(43)	16.3	65.1	4.7	14.0	0.0	100.0
학력	(1000)	10.6	78.3	3.7	6.8	0.6	
고졸이하	(198)	14.1	69.7	5.1	10.1	1.0	100.0
대재이상	(802)	9.7	80.4	3.4	6.0	0.5	100.0
직업	(1000)	10.6	78.3	3.7	6.8	0.6	
농/임/어업	(7)	14.3	85.7	0.0	0.0	0.0	100.0
자영업	(82)	8.5	81.7	3.7	4.9	1.2	100.0
판매/영업/서비스직	(86)	17.4	68.6	5.8	7.0	1.2	100.0
생산/기능/노무직	(59)	6.8	84.7	6.8	1.7	0.0	100.0
사무/관리/전문직	(441)	9.3	81.6	2.5	6.1	0.5	100.0
주부	(146)	11.0	74.7	3.4	11.0	0.0	100.0
학생	(43)	14.0	67.4	4.7	14.0	0.0	100.0
무직/퇴직/기타	(136)	11.8	75.7	5.1	5.9	1.5	100.0
가구소득	(1000)	10.6	78.3	3.7	6.8	0.6	
200만원이하	(110)	10.9	73.6	4.5	10.0	0.9	100.0
201-300만원이하	(148)	12.8	73.6	4.7	7.4	1.4	100.0
301-400만원이하	(156)	6.4	82.1	5.8	5.8	0.0	100.0
401-500만원이하	(172)	9.9	78.5	3.5	6.4	1.7	100.0
501만원 이상	(414)	11.6	79.7	2.4	6.3	0.0	100.0
이념성향	(1000)	10.6	78.3	3.7	6.8	0.6	
진보	(278)	7.6	83.1	3.2	5.8	0.4	100.0
중도	(409)	10.0	78.5	2.7	7.6	1.2	100.0
보수	(313)	14.1	73.8	5.4	6.7	0.0	100.0

[계 속]

부록. 조사 결과표

[표 23] 북한인권 피해 조사 및 기록 주체 기관

[문10] 귀하께서는 북한인권 피해를 조사 및 기록하는 활동을 어떻게 진행하는 것이 적절하다고 생각하십니까?

(단위 : %)

Base=전체	사례수 (명)	정부 기관이 단독으로 진행해야 한다	정부와 민간 기관이 협력해야 한다	민간 기관이 단독으로 진행해야 한다	할 필요 없다	기타	계
■ 전체 ■	(1000)	10.6	78.3	3.7	6.8	0.6	100.0
북한인권 개선							
개선되고 있다	(75)	10.7	74.7	10.7	4.0	0.0	100.0
변함없다	(670)	9.4	79.0	3.1	7.6	0.9	100.0
나빠지고 있다	(255)	13.7	77.6	3.1	5.5	0.0	100.0
북한인권 개선 가능성							
가능성이 있다	(192)	8.3	81.3	6.3	4.2	0.0	100.0
가능성이 없다	(808)	11.1	77.6	3.1	7.4	0.7	100.0
북한인권 관심도							
관심이 있다	(658)	8.7	84.8	4.0	2.3	0.3	100.0
관심이 없다	(342)	14.3	65.8	3.2	15.5	1.2	100.0
북한인권 심각성							
심각하다	(970)	10.6	79.2	3.5	6.1	0.6	100.0
심각하지 않다	(30)	10.0	50.0	10.0	30.0	0.0	100.0
북한인권 개입							
간섭해서는 안된다	(360)	16.9	61.9	4.2	15.8	1.1	100.0
개입해야 한다	(640)	7.0	87.5	3.4	1.7	0.3	100.0
인권단체 도움여부							
도움이 된다	(534)	10.1	84.8	3.6	1.5	0.0	100.0
도움이 안된다	(466)	11.2	70.8	3.9	12.9	1.3	100.0

[표 24] 북한인권박물관 건립 및 운영 입장

[문11] 귀하께서는 북한인권박물관 건립 및 운영을 어떻게 진행하는 것이 적절하다고 생각하십니까?

(단위 : %)

Base=전체		사례수 (명)	정부기관이 단독으로 진행해야 한다	정부와 민간기관이 협력해야 한다	민간기관이 단독으로 진행해야 한다	할 필요 없다	기타	계
■ 전체 ■		(1000)	10.9	67.4	4.4	16.7	0.6	100.0
성별								
	남자	(495)	12.1	69.1	4.8	13.9	0.0	100.0
	여자	(505)	9.7	65.7	4.0	19.4	1.2	100.0
연령								
	19-29세	(145)	15.9	55.9	6.9	21.4	0.0	100.0
	30-39세	(152)	16.4	60.5	4.6	17.8	0.7	100.0
	40-49세	(184)	10.9	67.4	2.7	17.9	1.1	100.0
	50-59세	(200)	9.5	67.5	4.5	17.5	1.0	100.0
	60세이상	(319)	6.9	75.9	4.1	12.9	0.3	100.0
권역								
	서울	(186)	15.6	61.8	5.4	16.7	0.5	100.0
	인천/경기	(326)	8.3	70.6	4.6	16.0	0.6	100.0
	대전/세종/충청	(106)	7.5	67.9	1.9	22.6	0.0	100.0
	광주/전라	(94)	11.7	69.1	6.4	11.7	1.1	100.0
	대구/경북	(97)	13.4	63.9	4.1	18.6	0.0	100.0
	부산/울산/경남	(148)	10.8	68.2	2.7	16.9	1.4	100.0
	강원/제주	(43)	11.6	67.4	7.0	14.0	0.0	100.0
학력								
	고졸이하	(198)	13.1	65.2	4.5	16.2	1.0	100.0
	대재이상	(802)	10.3	68.0	4.4	16.8	0.5	100.0
직업								
	농/임/어업	(7)	0.0	85.7	0.0	14.3	0.0	100.0
	자영업	(82)	14.6	69.5	6.1	9.8	0.0	100.0
	판매/영업/서비스직	(86)	14.0	67.4	5.8	11.6	1.2	100.0
	생산/기능/노무직	(59)	16.9	66.1	10.2	6.8	0.0	100.0
	사무/관리/전문직	(441)	9.3	68.5	4.1	17.5	0.7	100.0
	주부	(146)	11.0	63.7	1.4	24.0	0.0	100.0
	학생	(43)	20.9	53.5	7.0	18.6	0.0	100.0
	무직/퇴직/기타	(136)	6.6	70.6	3.7	17.6	1.5	100.0
가구소득								
	200만원이하	(110)	13.6	61.8	8.2	15.5	0.9	100.0
	201-300만원이하	(148)	11.5	64.2	3.4	19.6	1.4	100.0
	301-400만원이하	(156)	10.3	73.7	5.1	10.3	0.6	100.0
	401-500만원이하	(172)	9.3	69.8	2.3	17.4	1.2	100.0
	501만원 이상	(414)	10.9	66.7	4.3	18.1	0.0	100.0
이념성향								
	진보	(278)	9.7	67.6	4.3	17.3	1.1	100.0
	중도	(409)	10.3	65.8	4.6	18.6	0.7	100.0
	보수	(313)	12.8	69.3	4.2	13.7	0.0	100.0

[계 속]

부록. 조사 결과표

[표 24] 북한인권박물관 건립 및 운영 입장
[문11] 귀하께서는 북한인권박물관 건립 및 운영을 어떻게 진행하는 것이 적절하다고 생각하십니까?

(단위 : %)

Base=전체	사례수 (명)	정부기관이 단독으로 진행해야 한다	정부와 민간기관이 협력해야 한다	민간기관이 단독으로 진행해야 한다	할 필요 없다	기타	계
■ 전체 ■	(1000)	10.9	67.4	4.4	16.7	0.6	100.0
북한인권 개선							
개선되고 있다	(75)	9.3	74.7	4.0	12.0	0.0	100.0
변함없다	(670)	9.9	66.7	4.3	18.2	0.9	100.0
나빠지고 있다	(255)	14.1	67.1	4.7	14.1	0.0	100.0
북한인권 개선 가능성							
가능성이 있다	(192)	8.9	72.4	5.7	12.0	1.0	100.0
가능성이 없다	(808)	11.4	66.2	4.1	17.8	0.5	100.0
북한인권 관심도							
관심이 있다	(658)	10.2	75.7	4.1	9.7	0.3	100.0
관심이 없다	(342)	12.3	51.5	5.0	30.1	1.2	100.0
북한인권 심각성							
심각하다	(970)	11.0	68.1	4.3	15.9	0.6	100.0
심각하지 않다	(30)	6.7	43.3	6.7	43.3	0.0	100.0
북한인권 개입							
간섭해서는 안된다	(360)	13.3	47.8	4.7	32.8	1.4	100.0
개입해야 한다	(640)	9.5	78.4	4.2	7.7	0.2	100.0
인권단체 도움여부							
도움이 된다	(534)	11.0	78.3	2.8	7.7	0.2	100.0
도움이 안된다	(466)	10.7	54.9	6.2	27.0	1.1	100.0

[표 25] 북한인권에 대한 개입 입장
[문12] 귀하께서는 북한인권과 관련하여 다음 중 어떤 입장이십니까?

(단위 : %)

Base=전체	사례수 (명)	북한인권 문제는 북한 내부의 문제이므로 간섭해서는 안 된다	보편적 인권 차원에서 적극적으로 개입하여야 한다	계
■ 전체 ■	(1000)	36.0	64.0	100.0
성별				
남자	(495)	29.7	70.3	100.0
여자	(505)	42.2	57.8	100.0
연령				
19-29세	(145)	45.5	54.5	100.0
30-39세	(152)	42.1	57.9	100.0
40-49세	(184)	42.9	57.1	100.0
50-59세	(200)	31.5	68.5	100.0
60세이상	(319)	27.6	72.4	100.0
권역				
서울	(186)	36.6	63.4	100.0
인천/경기	(326)	33.7	66.3	100.0
대전/세종/충청	(106)	39.6	60.4	100.0
광주/전라	(94)	30.9	69.1	100.0
대구/경북	(97)	33.0	67.0	100.0
부산/울산/경남	(148)	37.8	62.2	100.0
강원/제주	(43)	53.5	46.5	100.0
학력				
고졸이하	(198)	42.9	57.1	100.0
대재이상	(802)	34.3	65.7	100.0
직업				
농/임/어업	(7)	42.9	57.1	100.0
자영업	(82)	29.3	70.7	100.0
판매/영업/서비스직	(86)	37.2	62.8	100.0
생산/기능/노무직	(59)	44.1	55.9	100.0
사무/관리/전문직	(441)	34.9	65.1	100.0
주부	(146)	41.8	58.2	100.0
학생	(43)	41.9	58.1	100.0
무직/퇴직/기타	(136)	30.9	69.1	100.0
가구소득				
200만원이하	(110)	38.2	61.8	100.0
201-300만원이하	(148)	42.6	57.4	100.0
301-400만원이하	(156)	38.5	61.5	100.0
401-500만원이하	(172)	33.1	66.9	100.0
501만원 이상	(414)	33.3	66.7	100.0
이념성향				
진보	(278)	38.1	61.9	100.0
중도	(409)	38.1	61.9	100.0
보수	(313)	31.3	68.7	100.0

[표 25] 북한인권에 대한 개입 입장
[문12] 귀하께서는 북한인권과 관련하여 다음 중 어떤 입장이십니까?

(단위 : %)

Base=전체	사례수 (명)	북한인권 문제는 북한 내부의 문제이므로 간섭해서는 안 된다	보편적 인권 차원에서 적극적으로 개입하여야 한다	계
■ 전체 ■	(1000)	36.0	64.0	100.0
북한인권 개선				
개선되고 있다	(75)	52.0	48.0	100.0
변함없다	(670)	38.1	61.9	100.0
나빠지고 있다	(255)	25.9	74.1	100.0
북한인권 개선 가능성				
가능성이 있다	(192)	40.6	59.4	100.0
가능성이 없다	(808)	34.9	65.1	100.0
북한인권 관심도				
관심이 있다	(658)	24.8	75.2	100.0
관심이 없다	(342)	57.6	42.4	100.0
북한인권 심각성				
심각하다	(970)	35.3	64.7	100.0
심각하지 않다	(30)	60.0	40.0	100.0
북한인권 개입				
간섭해서는 안된다	(360)	100.0	0.0	100.0
개입해야 한다	(640)	0.0	100.0	100.0
인권단체 도움여부				
도움이 된다	(534)	25.3	74.7	100.0
도움이 안된다	(466)	48.3	51.7	100.0

부록. 조사 결과표

[표 26] 북한인권법의 효과 평가

[문13] 앞에서 언급한 북한인권법이 북한인권의 개선에 효과가 있을 것이라고 생각하십니까? 없을 것이라고 생각하십니까?

(단위 : %)

Base=전체	사례수 (명)	매우 효과가 있을 것이다	대체로 효과가 있을 것이다	①+②	별로 효과가 없을 것이다	전혀 효과가 없을 것이다	③+④	계
■ 전체 ■	(1000)	5.4	28.9	34.3	52.8	12.9	65.7	100.0
성별								
남자	(495)	6.9	30.3	37.2	47.5	15.4	62.8	100.0
여자	(505)	4.0	27.5	31.5	58.0	10.5	68.5	100.0
연령								
19-29세	(145)	5.5	30.3	35.9	48.3	15.9	64.1	100.0
30-39세	(152)	6.6	26.3	32.9	52.0	15.1	67.1	100.0
40-49세	(184)	4.9	29.3	34.2	52.7	13.0	65.8	100.0
50-59세	(200)	6.0	25.5	31.5	52.0	16.5	68.5	100.0
60세이상	(319)	4.7	31.3	36.1	55.8	8.2	63.9	100.0
권역								
서울	(186)	5.4	27.4	32.8	52.7	14.5	67.2	100.0
인천/경기	(326)	3.4	30.7	34.0	51.5	14.4	66.0	100.0
대전/세종/충청	(106)	9.4	25.5	34.9	52.8	12.3	65.1	100.0
광주/전라	(94)	6.4	35.1	41.5	50.0	8.5	58.5	100.0
대구/경북	(97)	3.1	30.9	34.0	52.6	13.4	66.0	100.0
부산/울산/경남	(148)	6.8	25.0	31.8	57.4	10.8	68.2	100.0
강원/제주	(43)	9.3	25.6	34.9	53.5	11.6	65.1	100.0
학력								
고졸이하	(198)	6.1	28.8	34.8	53.5	11.6	65.2	100.0
대재이상	(802)	5.2	28.9	34.2	52.6	13.2	65.8	100.0
직업								
농/임/어업	(7)	28.6	28.6	57.1	42.9	0.0	42.9	100.0
자영업	(82)	3.7	28.0	31.7	57.3	11.0	68.3	100.0
판매/영업/서비스직	(86)	7.0	37.2	44.2	41.9	14.0	55.8	100.0
생산/기능/노무직	(59)	11.9	33.9	45.8	44.1	10.2	54.2	100.0
사무/관리/전문직	(441)	5.2	28.3	33.6	51.2	15.2	66.4	100.0
주부	(146)	2.7	24.7	27.4	62.3	10.3	72.6	100.0
학생	(43)	9.3	30.2	39.5	44.2	16.3	60.5	100.0
무직/퇴직/기타	(136)	3.7	27.9	31.6	58.8	9.6	68.4	100.0
가구소득								
200만원이하	(110)	5.5	25.5	30.9	59.1	10.0	69.1	100.0
201-300만원이하	(148)	4.1	32.4	36.5	51.4	12.2	63.5	100.0
301-400만원이하	(156)	7.7	27.6	35.3	54.5	10.3	64.7	100.0
401-500만원이하	(172)	4.1	34.9	39.0	48.8	12.2	61.0	100.0
501만원 이상	(414)	5.6	26.6	32.1	52.7	15.2	67.9	100.0
이념성향								
진보	(278)	4.7	31.3	36.0	52.5	11.5	64.0	100.0
중도	(409)	4.6	26.7	31.3	54.8	13.9	68.7	100.0
보수	(313)	7.0	29.7	36.7	50.5	12.8	63.3	100.0

[계 속]

[표 26] 북한인권법의 효과 평가

[문13] 앞에서 언급한 북한인권법이 북한인권의 개선에 효과가 있을 것이라고 생각하십니까? 없을 것이라고 생각하십니까?

(단위 : %)

Base=전체	사례수(명)	매우 효과가 있을 것이다	대체로 효과가 있을 것이다	①+②	별로 효과가 없을 것이다	전혀 효과가 없을 것이다	③+④	계
■ 전체 ■	(1000)	5.4	28.9	34.3	52.8	12.9	65.7	100.0
북한인권 개선								
개선되고 있다	(75)	10.7	42.7	53.3	41.3	5.3	46.7	100.0
변함없다	(670)	3.0	28.5	31.5	57.9	10.6	68.5	100.0
나빠지고 있다	(255)	10.2	25.9	36.1	42.7	21.2	63.9	100.0
북한인권 개선 가능성								
가능성이 있다	(192)	7.3	49.5	56.8	38.0	5.2	43.2	100.0
가능성이 없다	(808)	5.0	24.0	29.0	56.3	14.7	71.0	100.0
북한인권 관심도								
관심이 있다	(658)	7.4	35.3	42.7	48.5	8.8	57.3	100.0
관심이 없다	(342)	1.5	16.7	18.1	61.1	20.8	81.9	100.0
북한인권 심각성								
심각하다	(970)	5.6	29.1	34.6	53.2	12.2	65.4	100.0
심각하지 않다	(30)	0.0	23.3	23.3	40.0	36.7	76.7	100.0
북한인권 개입								
간섭해서는 안된다	(360)	5.0	15.8	20.8	56.4	22.8	79.2	100.0
개입해야 한다	(640)	5.6	36.3	41.9	50.8	7.3	58.1	100.0
인권단체 도움여부								
도움이 된다	(534)	9.6	46.3	55.8	40.4	3.7	44.2	100.0
도움이 안된다	(466)	0.6	9.0	9.7	67.0	23.4	90.3	100.0

[표 27] 북한인권 개선을 위한 조치 사항
[문14] 북한인권 개선을 위하여 가장 우선적으로 해야 할 일이 무엇이라고 생각하십니까?

(단위 : %)

Base=전체		사례수 (명)	꾸준한 대화를 통한 개선촉구 및 지원	국제사회의 공조를 통한 압박	북한인권피해 기록 및 홍보	국제 사회의 대북지원 확대 및 활성화	기타	계
◼ 전체 ◼		(1000)	27.5	44.4	11.3	14.6	2.2	100.0
성별	남자	(495)	26.5	46.5	10.1	14.3	2.6	100.0
	여자	(505)	28.5	42.4	12.5	14.9	1.8	100.0
연령	19-29세	(145)	26.2	42.1	18.6	11.0	2.1	100.0
	30-39세	(152)	24.3	48.0	10.5	13.8	3.3	100.0
	40-49세	(184)	28.3	39.7	10.9	17.9	3.3	100.0
	50-59세	(200)	30.5	41.0	7.5	18.5	2.5	100.0
	60세이상	(319)	27.3	48.6	11.0	12.2	0.9	100.0
권역	서울	(186)	26.3	46.2	8.6	16.7	2.2	100.0
	인천/경기	(326)	27.6	46.9	9.8	12.6	3.1	100.0
	대전/세종/충청	(106)	34.0	32.1	19.8	11.3	2.8	100.0
	광주/전라	(94)	33.0	34.0	11.7	21.3	0.0	100.0
	대구/경북	(97)	17.5	50.5	12.4	16.5	3.1	100.0
	부산/울산/경남	(148)	27.7	45.3	10.1	15.5	1.4	100.0
	강원/제주	(43)	25.6	53.5	14.0	7.0	0.0	100.0
학력	고졸이하	(198)	33.3	39.9	10.1	13.6	3.0	100.0
	대재이상	(802)	26.1	45.5	11.6	14.8	2.0	100.0
직업	농/임/어업	(7)	28.6	57.1	14.3	0.0	0.0	100.0
	자영업	(82)	26.8	47.6	11.0	13.4	1.2	100.0
	판매/영업/서비스직	(86)	19.8	48.8	12.8	17.4	1.2	100.0
	생산/기능/노무직	(59)	18.6	42.4	15.3	22.0	1.7	100.0
	사무/관리/전문직	(441)	27.9	44.7	11.1	13.4	2.9	100.0
	주부	(146)	30.1	41.1	11.6	16.4	0.7	100.0
	학생	(43)	34.9	32.6	16.3	16.3	0.0	100.0
	무직/퇴직/기타	(136)	30.1	46.3	7.4	12.5	3.7	100.0
가구소득	200만원이하	(110)	25.5	47.3	10.9	12.7	3.6	100.0
	201-300만원이하	(148)	24.3	46.6	12.2	14.9	2.0	100.0
	301-400만원이하	(156)	26.3	44.2	10.9	16.7	1.9	100.0
	401-500만원이하	(172)	33.7	34.9	15.1	14.0	2.3	100.0
	501만원 이상	(414)	27.1	46.9	9.7	14.5	1.9	100.0
이념성향	진보	(278)	40.6	31.3	10.4	14.7	2.9	100.0
	중도	(409)	23.0	46.5	10.8	17.8	2.0	100.0
	보수	(313)	21.7	53.4	12.8	10.2	1.9	100.0

[계 속]

[표 27] 북한인권 개선을 위한 조치 사항

[문14] 북한인권 개선을 위하여 가장 우선적으로 해야 할 일이 무엇이라고 생각하십니까?

(단위 : %)

Base=전체	사례수 (명)	꾸준한 대화를 통한 개선촉구 및 지원	국제사회의 공조를 통한 압박	북한인권피해 기록 및 홍보	국제 사회의 대북지원 확대 및 활성화	기타	계
■ 전체 ■	(1000)	27.5	44.4	11.3	14.6	2.2	100.0
북한인권 개선							
개선되고 있다	(75)	34.7	25.3	16.0	24.0	0.0	100.0
변함없다	(670)	29.7	43.7	9.3	15.4	1.9	100.0
나빠지고 있다	(255)	19.6	51.8	15.3	9.8	3.5	100.0
북한인권 개선 가능성							
가능성이 있다	(192)	39.6	27.1	9.4	23.4	0.5	100.0
가능성이 없다	(808)	24.6	48.5	11.8	12.5	2.6	100.0
북한인권 관심도							
관심이 있다	(658)	29.5	43.3	11.6	14.3	1.4	100.0
관심이 없다	(342)	23.7	46.5	10.8	15.2	3.8	100.0
북한인권 심각성							
심각하다	(970)	27.3	45.4	11.1	14.3	1.9	100.0
심각하지 않다	(30)	33.3	13.3	16.7	23.3	13.3	100.0
북한인권 개입							
간섭해서는 안된다	(360)	27.8	43.1	9.2	15.8	4.2	100.0
개입해야 한다	(640)	27.3	45.2	12.5	13.9	1.1	100.0
인권단체 도움여부							
도움이 된다	(534)	28.3	42.3	12.7	16.3	0.4	100.0
도움이 안된다	(466)	26.6	46.8	9.7	12.7	4.3	100.0

[표 28] 북한인권 개선을 위한 북한인권단체의 활동

[문15] 북한인권 개선을 위하여 북한인권단체가 가장 우선해야 할 역할은 무엇이라고 생각하십니까?

(단위 : %)

Base=전체		사례수 (명)	북한인권 상황 기록 및 피해상황에 대한 국내외 홍보활동	대북방송 등을 통한 북한주민 의식교육	대북지원	김정은 국제형사재판소 제소 등 국제적, 정치적 활동	기타	계
	◩ 전체 ◩	(1000)	48.9	17.1	6.3	25.7	2.0	100.0
성별								
	남자	(495)	48.9	18.0	8.5	22.6	2.0	100.0
	여자	(505)	48.9	16.2	4.2	28.7	2.0	100.0
연령								
	19-29세	(145)	43.4	21.4	4.1	29.7	1.4	100.0
	30-39세	(152)	38.8	19.1	5.3	34.2	2.6	100.0
	40-49세	(184)	52.7	16.8	8.2	19.6	2.7	100.0
	50-59세	(200)	52.0	13.0	7.0	26.0	2.0	100.0
	60세이상	(319)	52.0	16.9	6.3	23.2	1.6	100.0
권역								
	서울	(186)	46.8	20.4	7.0	24.2	1.6	100.0
	인천/경기	(326)	53.1	16.3	4.9	23.3	2.5	100.0
	대전/세종/충청	(106)	45.3	15.1	10.4	27.4	1.9	100.0
	광주/전라	(94)	53.2	16.0	9.6	21.3	0.0	100.0
	대구/경북	(97)	48.5	17.5	6.2	25.8	2.1	100.0
	부산/울산/경남	(148)	46.6	15.5	3.4	32.4	2.0	100.0
	강원/제주	(43)	34.9	20.9	7.0	32.6	4.7	100.0
학력								
	고졸이하	(198)	44.9	23.7	4.0	25.8	1.5	100.0
	대재이상	(802)	49.9	15.5	6.9	25.7	2.1	100.0
직업								
	농/임/어업	(7)	14.3	28.6	14.3	42.9	0.0	100.0
	자영업	(82)	48.8	25.6	9.8	15.9	0.0	100.0
	판매/영업/서비스직	(86)	45.3	18.6	4.7	27.9	3.5	100.0
	생산/기능/노무직	(59)	54.2	23.7	5.1	16.9	0.0	100.0
	사무/관리/전문직	(441)	48.5	14.3	6.6	28.3	2.3	100.0
	주부	(146)	50.7	17.8	4.1	26.7	0.7	100.0
	학생	(43)	44.2	20.9	7.0	27.9	0.0	100.0
	무직/퇴직/기타	(136)	51.5	14.7	6.6	22.8	4.4	100.0
가구소득								
	200만원이하	(110)	42.7	15.5	6.4	31.8	3.6	100.0
	201-300만원이하	(148)	47.3	21.6	2.7	27.0	1.4	100.0
	301-400만원이하	(156)	47.4	12.8	10.3	26.9	2.6	100.0
	401-500만원이하	(172)	52.9	18.6	5.2	20.9	2.3	100.0
	501만원 이상	(414)	50.0	16.9	6.5	25.1	1.4	100.0
이념성향								
	진보	(278)	57.2	9.7	10.4	20.1	2.5	100.0
	중도	(409)	45.0	18.8	6.1	28.4	1.7	100.0
	보수	(313)	46.6	21.4	2.9	27.2	1.9	100.0

[계 속]

[표 28] 북한인권 개선을 위한 북한인권단체의 활동

[문15] 북한인권 개선을 위하여 북한인권단체가 가장 우선해야 할 역할은 무엇이라고 생각하십니까?

(단위 : %)

Base=전체		사례수 (명)	북한인권 상황 기록 및 피해상황에 대한 국내외 홍보활동	대북방송 등을 통한 북한주민 의식교육	대북지원	김정은 국제형사재판소 제소 등 국제적, 정치적 활동	기타	계
◨ 전체 ◨		(1000)	48.9	17.1	6.3	25.7	2.0	100.0
북한인권 개선								
	개선되고 있다	(75)	45.3	18.7	8.0	24.0	4.0	100.0
	변함없다	(670)	48.5	16.6	7.5	25.4	2.1	100.0
	나빠지고 있다	(255)	51.0	18.0	2.7	27.1	1.2	100.0
북한인권 개선 가능성								
	가능성이 있다	(192)	49.5	17.7	8.9	21.4	2.6	100.0
	가능성이 없다	(808)	48.8	17.0	5.7	26.7	1.9	100.0
북한인권 관심도								
	관심이 있다	(658)	52.4	17.0	6.5	22.6	1.4	100.0
	관심이 없다	(342)	42.1	17.3	5.8	31.6	3.2	100.0
북한인권 심각성								
	심각하다	(970)	49.4	17.2	6.2	25.7	1.5	100.0
	심각하지 않다	(30)	33.3	13.3	10.0	26.7	16.7	100.0
북한인권 개입								
	간섭해서는 안된다	(360)	39.4	19.2	7.5	29.4	4.4	100.0
	개입해야 한다	(640)	54.2	15.9	5.6	23.6	0.6	100.0
인권단체 도움여부								
	도움이 된다	(534)	51.1	19.1	4.5	25.1	0.2	100.0
	도움이 안된다	(466)	46.4	14.8	8.4	26.4	4.1	100.0

[표 29] 북한인권단체 활동 필요성 평가 : 대북전단 살포

[문16-1] 이제부터 불러드리는 북한인권개선을 위한 북한인권단체 활동에 대해 필요한 것인지 아니면 필요하지 않는 것인지 말씀해 주십시오.

(단위 : %)

Base=전체	사례수 (명)	매우 필요하다	대체로 필요하다	①+②	별로 필요하지 않다	전혀 필요하지 않다	③+④	계
◼ 전체 ◼	(1000)	12.9	34.4	47.3	37.7	15.0	52.7	100.0
성별								
남자	(495)	17.8	35.2	52.9	31.3	15.8	47.1	100.0
여자	(505)	8.1	33.7	41.8	44.0	14.3	58.2	100.0
연령								
19-29세	(145)	11.0	39.3	50.3	37.2	12.4	49.7	100.0
30-39세	(152)	11.2	28.9	40.1	36.8	23.0	59.9	100.0
40-49세	(184)	4.9	26.6	31.5	50.5	17.9	68.5	100.0
50-59세	(200)	11.0	39.5	50.5	34.5	15.0	49.5	100.0
60세이상	(319)	20.4	36.1	56.4	32.9	10.7	43.6	100.0
권역								
서울	(186)	14.5	34.4	48.9	36.0	15.1	51.1	100.0
인천/경기	(326)	11.7	33.1	44.8	39.9	15.3	55.2	100.0
대전/세종/충청	(106)	12.3	36.8	49.1	35.8	15.1	50.9	100.0
광주/전라	(94)	8.5	35.1	43.6	39.4	17.0	56.4	100.0
대구/경북	(97)	15.5	36.1	51.5	39.2	9.3	48.5	100.0
부산/울산/경남	(148)	14.2	35.8	50.0	34.5	15.5	50.0	100.0
강원/제주	(43)	16.3	27.9	44.2	37.2	18.6	55.8	100.0
학력								
고졸이하	(198)	12.1	34.8	47.0	40.4	12.6	53.0	100.0
대재이상	(802)	13.1	34.3	47.4	37.0	15.6	52.6	100.0
직업								
농/임/어업	(7)	28.6	42.9	71.4	28.6	0.0	28.6	100.0
자영업	(82)	25.6	30.5	56.1	31.7	12.2	43.9	100.0
판매/영업/서비스직	(86)	15.1	37.2	52.3	34.9	12.8	47.7	100.0
생산/기능/노무직	(59)	8.5	49.2	57.6	32.2	10.2	42.4	100.0
사무/관리/전문직	(441)	11.3	33.6	44.9	36.5	18.6	55.1	100.0
주부	(146)	11.6	32.2	43.8	45.2	11.0	56.2	100.0
학생	(43)	11.6	32.6	44.2	41.9	14.0	55.8	100.0
무직/퇴직/기타	(136)	11.8	33.8	45.6	40.4	14.0	54.4	100.0
가구소득								
200만원이하	(110)	9.1	38.2	47.3	38.2	14.5	52.7	100.0
201-300만원이하	(148)	14.2	33.8	48.0	36.5	15.5	52.0	100.0
301-400만원이하	(156)	12.2	35.3	47.4	39.7	12.8	52.6	100.0
401-500만원이하	(172)	14.5	36.0	50.6	37.8	11.6	49.4	100.0
501만원 이상	(414)	13.0	32.6	45.7	37.2	17.1	54.3	100.0
이념성향								
진보	(278)	4.7	28.1	32.7	43.5	23.7	67.3	100.0
중도	(409)	9.3	35.5	44.7	40.1	15.2	55.3	100.0
보수	(313)	24.9	38.7	63.6	29.4	7.0	36.4	100.0

[계 속]

부록. 조사 결과표

[표 29] 북한인권단체 활동 필요성 평가 : 대북전단 살포

[문16-1] 이제부터 불러드리는 북한인권개선을 위한 북한인권단체 활동에 대해 필요한 것인지 아니면 필요하지 않는 것인지 말씀해 주십시오.

(단위 : %)

Base=전체	사례수 (명)	매우 필요하다	대체로 필요하다	①+②	별로 필요하지 않다	전혀 필요하지 않다	③+④	계
■ 전체 ■	(1000)	12.9	34.4	47.3	37.7	15.0	52.7	100.0
북한인권 개선								
개선되고 있다	(75)	5.3	29.3	34.7	45.3	20.0	65.3	100.0
변함없다	(670)	7.8	35.4	43.1	42.4	14.5	56.9	100.0
나빠지고 있다	(255)	28.6	33.3	62.0	23.1	14.9	38.0	100.0
북한인권 개선 가능성								
가능성이 있다	(192)	7.8	33.9	41.7	40.1	18.2	58.3	100.0
가능성이 없다	(808)	14.1	34.5	48.6	37.1	14.2	51.4	100.0
북한인권 관심도								
관심이 있다	(658)	16.1	36.5	52.6	35.1	12.3	47.4	100.0
관심이 없다	(342)	6.7	30.4	37.1	42.7	20.2	62.9	100.0
북한인권 심각성								
심각하다	(970)	13.0	34.8	47.8	38.2	13.9	52.2	100.0
심각하지 않다	(30)	10.0	20.0	30.0	20.0	50.0	70.0	100.0
북한인권 개입								
간섭해서는 안된다	(360)	6.7	28.9	35.6	44.2	20.3	64.4	100.0
개입해야 한다	(640)	16.4	37.5	53.9	34.1	12.0	46.1	100.0
인권단체 도움여부								
도움이 된다	(534)	18.2	41.2	59.4	32.4	8.2	40.6	100.0
도움이 안된다	(466)	6.9	26.6	33.5	43.8	22.7	66.5	100.0

[표 30] 북한인권단체 활동 필요성 평가 : 국내외 세미나 등 인권상황 홍보

[문16-2] 이제부터 불러드리는 북한인권개선을 위한 북한인권단체 활동에 대해 필요한 것인지 아니면 필요하지 않는 것인지 말씀해 주십시오.

(단위 : %)

Base=전체	사례수 (명)	매우 필요하다	대체로 필요하다	①+②	별로 필요하지 않다	전혀 필요하지 않다	③+④	계
■ 전체 ■	(1000)	22.6	56.6	79.2	16.2	4.6	20.8	100.0
성별								
남자	(495)	29.1	51.9	81.0	14.1	4.8	19.0	100.0
여자	(505)	16.2	61.2	77.4	18.2	4.4	22.6	100.0
연령								
19-29세	(145)	15.2	55.9	71.0	24.1	4.8	29.0	100.0
30-39세	(152)	25.7	45.4	71.1	21.1	7.9	28.9	100.0
40-49세	(184)	17.4	62.5	79.9	15.2	4.9	20.1	100.0
50-59세	(200)	23.5	59.5	83.0	12.5	4.5	17.0	100.0
60세이상	(319)	27.0	57.1	84.0	13.2	2.8	16.0	100.0
권역								
서울	(186)	20.4	58.1	78.5	14.0	7.5	21.5	100.0
인천/경기	(326)	22.7	59.2	81.9	15.3	2.8	18.1	100.0
대전/세종/충청	(106)	24.5	48.1	72.6	22.6	4.7	27.4	100.0
광주/전라	(94)	18.1	69.1	87.2	12.8	0.0	12.8	100.0
대구/경북	(97)	24.7	47.4	72.2	22.7	5.2	27.8	100.0
부산/울산/경남	(148)	26.4	54.7	81.1	14.2	4.7	18.9	100.0
강원/제주	(43)	18.6	51.2	69.8	16.3	14.0	30.2	100.0
학력								
고졸이하	(198)	17.7	54.5	72.2	21.7	6.1	27.8	100.0
대재이상	(802)	23.8	57.1	80.9	14.8	4.2	19.1	100.0
직업								
농/임/어업	(7)	42.9	42.9	85.7	14.3	0.0	14.3	100.0
자영업	(82)	40.2	40.2	80.5	13.4	6.1	19.5	100.0
판매/영업/서비스직	(86)	27.9	54.7	82.6	12.8	4.7	17.4	100.0
생산/기능/노무직	(59)	10.2	72.9	83.1	16.9	0.0	16.9	100.0
사무/관리/전문직	(441)	23.6	56.0	79.6	15.9	4.5	20.4	100.0
주부	(146)	17.1	57.5	74.7	20.5	4.8	25.3	100.0
학생	(43)	23.3	53.5	76.7	11.6	11.6	23.3	100.0
무직/퇴직/기타	(136)	15.4	63.2	78.7	17.6	3.7	21.3	100.0
가구소득								
200만원이하	(110)	15.5	55.5	70.9	20.9	8.2	29.1	100.0
201-300만원이하	(148)	23.0	50.0	73.0	24.3	2.7	27.0	100.0
301-400만원이하	(156)	21.2	61.5	82.7	13.5	3.8	17.3	100.0
401-500만원이하	(172)	21.5	57.6	79.1	17.4	3.5	20.9	100.0
501만원 이상	(414)	25.4	57.0	82.4	12.6	5.1	17.6	100.0
이념성향								
진보	(278)	20.9	59.4	80.2	15.1	4.7	19.8	100.0
중도	(409)	19.8	57.0	76.8	18.1	5.1	23.2	100.0
보수	(313)	27.8	53.7	81.5	14.7	3.8	18.5	100.0

[계 속]

[표 30] 북한인권단체 활동 필요성 평가 : 국내외 세미나 등 인권상황 홍보

[문16-2] 이제부터 불러드리는 북한인권개선을 위한 북한인권단체 활동에 대해 필요한 것인지 아니면 필요하지 않는 것인지 말씀해 주십시오.

(단위 : %)

Base=전체	사례수 (명)	매우 필요하다	대체로 필요하다	①+②	별로 필요하지 않다	전혀 필요하지 않다	③+④	계
■ 전체 ■	(1000)	22.6	56.6	79.2	16.2	4.6	20.8	100.0
북한인권 개선								
개선되고 있다	(75)	12.0	70.7	82.7	14.7	2.7	17.3	100.0
변함없다	(670)	17.0	59.9	76.9	18.8	4.3	23.1	100.0
나빠지고 있다	(255)	40.4	43.9	84.3	9.8	5.9	15.7	100.0
북한인권 개선 가능성								
가능성이 있다	(192)	18.2	59.9	78.1	18.2	3.6	21.9	100.0
가능성이 없다	(808)	23.6	55.8	79.5	15.7	4.8	20.5	100.0
북한인권 관심도								
관심이 있다	(658)	28.7	57.8	86.5	11.9	1.7	13.5	100.0
관심이 없다	(342)	10.8	54.4	65.2	24.6	10.2	34.8	100.0
북한인권 심각성								
심각하다	(970)	23.1	57.2	80.3	15.7	4.0	19.7	100.0
심각하지 않다	(30)	6.7	36.7	43.3	33.3	23.3	56.7	100.0
북한인권 개입								
간섭해서는 안된다	(360)	8.3	51.7	60.0	30.0	10.0	40.0	100.0
개입해야 한다	(640)	30.6	59.4	90.0	8.4	1.6	10.0	100.0
인권단체 도움여부								
도움이 된다	(534)	32.2	59.0	91.2	8.1	0.7	8.8	100.0
도움이 안된다	(466)	11.6	53.9	65.5	25.5	9.0	34.5	100.0

[표 31] 북한인권단체 활동 필요성 평가 : 대북인권방송을 통한 북한주민 의식교육

[문16-3] 이제부터 불러드리는 북한인권개선을 위한 북한인권단체 활동에 대해 필요한 것인지 아니면 필요하지 않는 것인지 말씀해 주십시오.

(단위 : %)

Base=전체	사례수 (명)	매우 필요하다	대체로 필요하다	①+②	별로 필요하지 않다	전혀 필요하지 않다	③+④	계
◩ 전체 ◩	(1000)	21.8	47.0	68.8	23.0	8.2	31.2	100.0
성별								
남자	(495)	25.5	42.8	68.3	22.2	9.5	31.7	100.0
여자	(505)	18.2	51.1	69.3	23.8	6.9	30.7	100.0
연령								
19-29세	(145)	17.9	51.7	69.7	22.8	7.6	30.3	100.0
30-39세	(152)	21.1	42.8	63.8	24.3	11.8	36.2	100.0
40-49세	(184)	12.0	46.7	58.7	31.0	10.3	41.3	100.0
50-59세	(200)	23.0	49.5	72.5	18.0	9.5	27.5	100.0
60세이상	(319)	28.8	45.5	74.3	21.0	4.7	25.7	100.0
권역								
서울	(186)	22.0	46.2	68.3	21.5	10.2	31.7	100.0
인천/경기	(326)	22.1	48.8	70.9	22.4	6.7	29.1	100.0
대전/세종/충청	(106)	23.6	44.3	67.9	22.6	9.4	32.1	100.0
광주/전라	(94)	20.2	50.0	70.2	22.3	7.4	29.8	100.0
대구/경북	(97)	23.7	44.3	68.0	25.8	6.2	32.0	100.0
부산/울산/경남	(148)	19.6	46.6	66.2	23.6	10.1	33.8	100.0
강원/제주	(43)	20.9	44.2	65.1	27.9	7.0	34.9	100.0
학력								
고졸이하	(198)	23.7	42.4	66.2	26.3	7.6	33.8	100.0
대재이상	(802)	21.3	48.1	69.5	22.2	8.4	30.5	100.0
직업								
농/임/어업	(7)	28.6	57.1	85.7	14.3	0.0	14.3	100.0
자영업	(82)	31.7	41.5	73.2	17.1	9.8	26.8	100.0
판매/영업/서비스직	(86)	25.6	34.9	60.5	30.2	9.3	39.5	100.0
생산/기능/노무직	(59)	27.1	49.2	76.3	22.0	1.7	23.7	100.0
사무/관리/전문직	(441)	20.4	48.3	68.7	21.8	9.5	31.3	100.0
주부	(146)	19.9	47.3	67.1	28.1	4.8	32.9	100.0
학생	(43)	18.6	51.2	69.8	16.3	14.0	30.2	100.0
무직/퇴직/기타	(136)	18.4	50.7	69.1	23.5	7.4	30.9	100.0
가구소득								
200만원이하	(110)	13.6	52.7	66.4	23.6	10.0	33.6	100.0
201-300만원이하	(148)	20.3	48.0	68.2	23.6	8.1	31.8	100.0
301-400만원이하	(156)	20.5	46.2	66.7	24.4	9.0	33.3	100.0
401-500만원이하	(172)	26.7	44.8	71.5	23.8	4.7	28.5	100.0
501만원 이상	(414)	22.9	46.4	69.3	21.7	8.9	30.7	100.0
이념성향								
진보	(278)	15.8	47.1	62.9	27.0	10.1	37.1	100.0
중도	(409)	17.4	48.2	65.5	25.2	9.3	34.5	100.0
보수	(313)	32.9	45.4	78.3	16.6	5.1	21.7	100.0

[계 속]

[표 31] 북한인권단체 활동 필요성 평가 : 대북인권방송을 통한 북한주민 의식교육

[문16-3] 이제부터 불러드리는 북한인권개선을 위한 북한인권단체 활동에 대해 필요한 것인지 아니면 필요하지 않는 것인지 말씀해 주십시오.

(단위 : %)

Base=전체	사례수(명)	매우 필요하다	대체로 필요하다	①+②	별로 필요하지 않다	전혀 필요하지 않다	③+④	계
◼ 전체 ◼	(1000)	21.8	47.0	68.8	23.0	8.2	31.2	100.0
북한인권 개선								
개선되고 있다	(75)	14.7	44.0	58.7	26.7	14.7	41.3	100.0
변함없다	(670)	16.6	49.0	65.5	26.7	7.8	34.5	100.0
나빠지고 있다	(255)	37.6	42.7	80.4	12.2	7.5	19.6	100.0
북한인권 개선 가능성								
가능성이 있다	(192)	13.5	45.8	59.4	30.2	10.4	40.6	100.0
가능성이 없다	(808)	23.8	47.3	71.0	21.3	7.7	29.0	100.0
북한인권 관심도								
관심이 있다	(658)	25.7	48.3	74.0	20.4	5.6	26.0	100.0
관심이 없다	(342)	14.3	44.4	58.8	28.1	13.2	41.2	100.0
북한인권 심각성								
심각하다	(970)	22.2	47.3	69.5	23.3	7.2	30.5	100.0
심각하지 않다	(30)	10.0	36.7	46.7	13.3	40.0	53.3	100.0
북한인권 개입								
간섭해서는 안된다	(360)	15.3	38.6	53.9	31.9	14.2	46.1	100.0
개입해야 한다	(640)	25.5	51.7	77.2	18.0	4.8	22.8	100.0
인권단체 도움여부								
도움이 된다	(534)	29.0	52.6	81.6	15.9	2.4	18.4	100.0
도움이 안된다	(466)	13.5	40.6	54.1	31.1	14.8	45.9	100.0

[표 32] 북한인권단체 활동 필요성 평가 : 북한인권법 시행 등 제도적 준비

[문16-4] 이제부터 불러드리는 북한인권개선을 위한 북한인권단체 활동에 대해 필요한 것인지 아니면 필요하지 않는 것인지 말씀해 주십시오.

(단위 : %)

Base=전체	사례수 (명)	매우 필요하다	대체로 필요하다	①+②	별로 필요하지 않다	전혀 필요하지 않다	③+④	계
■ 전체 ■	(1000)	19.5	54.7	74.2	19.7	6.1	25.8	100.0
성별								
남자	(495)	22.2	49.9	72.1	21.0	6.9	27.9	100.0
여자	(505)	16.8	59.4	76.2	18.4	5.3	23.8	100.0
연령								
19-29세	(145)	20.0	49.7	69.7	22.8	7.6	30.3	100.0
30-39세	(152)	15.8	52.0	67.8	24.3	7.9	32.2	100.0
40-49세	(184)	15.2	55.4	70.7	21.7	7.6	29.3	100.0
50-59세	(200)	20.5	56.5	77.0	16.5	6.5	23.0	100.0
60세이상	(319)	22.9	56.7	79.6	16.9	3.4	20.4	100.0
권역								
서울	(186)	17.2	55.4	72.6	18.3	9.1	27.4	100.0
인천/경기	(326)	19.3	58.0	77.3	18.1	4.6	22.7	100.0
대전/세종/충청	(106)	21.7	48.1	69.8	22.6	7.5	30.2	100.0
광주/전라	(94)	23.4	56.4	79.8	18.1	2.1	20.2	100.0
대구/경북	(97)	18.6	53.6	72.2	23.7	4.1	27.8	100.0
부산/울산/경남	(148)	20.3	53.4	73.6	18.9	7.4	26.4	100.0
강원/제주	(43)	16.3	46.5	62.8	27.9	9.3	37.2	100.0
학력								
고졸이하	(198)	19.2	54.0	73.2	19.7	7.1	26.8	100.0
대재이상	(802)	19.6	54.9	74.4	19.7	5.9	25.6	100.0
직업								
농/임/어업	(7)	42.9	57.1	100.0	0.0	0.0	0.0	100.0
자영업	(82)	28.0	45.1	73.2	18.3	8.5	26.8	100.0
판매/영업/서비스직	(86)	20.9	55.8	76.7	16.3	7.0	23.3	100.0
생산/기능/노무직	(59)	16.9	57.6	74.6	22.0	3.4	25.4	100.0
사무/관리/전문직	(441)	18.8	54.2	73.0	20.6	6.3	27.0	100.0
주부	(146)	16.4	57.5	74.0	21.9	4.1	26.0	100.0
학생	(43)	23.3	53.5	76.7	11.6	11.6	23.3	100.0
무직/퇴직/기타	(136)	17.6	57.4	75.0	19.9	5.1	25.0	100.0
가구소득								
200만원이하	(110)	14.5	57.3	71.8	15.5	12.7	28.2	100.0
201-300만원이하	(148)	16.2	56.8	73.0	21.6	5.4	27.0	100.0
301-400만원이하	(156)	17.3	58.3	75.6	16.0	8.3	24.4	100.0
401-500만원이하	(172)	22.7	55.2	77.9	19.2	2.9	22.1	100.0
501만원 이상	(414)	21.5	51.7	73.2	21.7	5.1	26.8	100.0
이념성향								
진보	(278)	19.8	53.6	73.4	20.5	6.1	26.6	100.0
중도	(409)	15.9	55.0	70.9	22.7	6.4	29.1	100.0
보수	(313)	24.0	55.3	79.2	15.0	5.8	20.8	100.0

[계 속]

[표 32] 북한인권단체 활동 필요성 평가 : 북한인권법 시행 등 제도적 준비

[문16-4] 이제부터 불러드리는 북한인권개선을 위한 북한인권단체 활동에 대해 필요한 것인지 아니면 필요하지 않는 것인지 말씀해 주십시오.

(단위 : %)

Base=전체	사례수 (명)	매우 필요하다	대체로 필요하다	①+②	별로 필요하지 않다	전혀 필요하지 않다	③+④	계
■ 전체 ■	(1000)	19.5	54.7	74.2	19.7	6.1	25.8	100.0
북한인권 개선								
개선되고 있다	(75)	14.7	54.7	69.3	25.3	5.3	30.7	100.0
변함없다	(670)	14.5	58.2	72.7	20.9	6.4	27.3	100.0
나빠지고 있다	(255)	34.1	45.5	79.6	14.9	5.5	20.4	100.0
북한인권 개선 가능성								
가능성이 있다	(192)	18.2	54.2	72.4	21.4	6.3	27.6	100.0
가능성이 없다	(808)	19.8	54.8	74.6	19.3	6.1	25.4	100.0
북한인권 관심도								
관심이 있다	(658)	25.2	57.0	82.2	14.7	3.0	17.8	100.0
관심이 없다	(342)	8.5	50.3	58.8	29.2	12.0	41.2	100.0
북한인권 심각성								
심각하다	(970)	19.8	55.6	75.4	19.4	5.3	24.6	100.0
심각하지 않다	(30)	10.0	26.7	36.7	30.0	33.3	63.3	100.0
북한인권 개입								
간섭해서는 안된다	(360)	8.1	44.7	52.8	34.4	12.8	47.2	100.0
개입해야 한다	(640)	25.9	60.3	86.3	11.4	2.3	13.8	100.0
인권단체 도움여부								
도움이 된다	(534)	28.8	60.5	89.3	9.0	1.7	10.7	100.0
도움이 안된다	(466)	8.8	48.1	56.9	32.0	11.2	43.1	100.0

[표 33] 북한인권단체 활동 필요성 평가 : 의료지원, 식량지원 등 대북지원

[문16-5] 이제부터 불러드리는 북한인권개선을 위한 북한인권단체 활동에 대해 필요한 것인지 아니면 필요하지 않는 것인지 말씀해 주십시오.

(단위 : %)

Base=전체	사례수 (명)	매우 필요하다	대체로 필요하다	①+②	별로 필요하지 않다	전혀 필요하지 않다	③+④	계
■ 전체 ■	(1000)	15.2	46.2	61.4	27.6	11.0	38.6	100.0
성별								
남자	(495)	20.8	43.0	63.8	25.3	10.9	36.2	100.0
여자	(505)	9.7	49.3	59.0	29.9	11.1	41.0	100.0
연령								
19-29세	(145)	6.9	40.0	46.9	33.1	20.0	53.1	100.0
30-39세	(152)	12.5	36.8	49.3	32.9	17.8	50.7	100.0
40-49세	(184)	13.6	55.4	69.0	23.4	7.6	31.0	100.0
50-59세	(200)	18.5	48.5	67.0	24.5	8.5	33.0	100.0
60세이상	(319)	19.1	46.7	65.8	27.0	7.2	34.2	100.0
권역								
서울	(186)	15.6	47.3	62.9	23.7	13.4	37.1	100.0
인천/경기	(326)	16.0	49.4	65.3	23.9	10.7	34.7	100.0
대전/세종/충청	(106)	14.2	40.6	54.7	36.8	8.5	45.3	100.0
광주/전라	(94)	20.2	52.1	72.3	24.5	3.2	27.7	100.0
대구/경북	(97)	9.3	41.2	50.5	32.0	17.5	49.5	100.0
부산/울산/경남	(148)	15.5	43.9	59.5	30.4	10.1	40.5	100.0
강원/제주	(43)	11.6	37.2	48.8	37.2	14.0	51.2	100.0
학력								
고졸이하	(198)	15.7	46.5	62.1	27.8	10.1	37.9	100.0
대재이상	(802)	15.1	46.1	61.2	27.6	11.2	38.8	100.0
직업								
농/임/어업	(7)	14.3	42.9	57.1	28.6	14.3	42.9	100.0
자영업	(82)	23.2	45.1	68.3	28.0	3.7	31.7	100.0
판매/영업/서비스직	(86)	14.0	43.0	57.0	32.6	10.5	43.0	100.0
생산/기능/노무직	(59)	20.3	37.3	57.6	33.9	8.5	42.4	100.0
사무/관리/전문직	(441)	16.6	46.7	63.3	24.5	12.2	36.7	100.0
주부	(146)	6.8	50.0	56.8	30.8	12.3	43.2	100.0
학생	(43)	11.6	48.8	60.5	27.9	11.6	39.5	100.0
무직/퇴직/기타	(136)	14.7	46.3	61.0	27.9	11.0	39.0	100.0
가구소득								
200만원이하	(110)	11.8	45.5	57.3	26.4	16.4	42.7	100.0
201-300만원이하	(148)	14.2	43.9	58.1	32.4	9.5	41.9	100.0
301-400만원이하	(156)	18.6	42.9	61.5	28.2	10.3	38.5	100.0
401-500만원이하	(172)	12.8	56.4	69.2	23.8	7.0	30.8	100.0
501만원 이상	(414)	16.2	44.2	60.4	27.5	12.1	39.6	100.0
이념성향								
진보	(278)	23.0	50.0	73.0	21.2	5.8	27.0	100.0
중도	(409)	11.5	47.2	58.7	29.6	11.7	41.3	100.0
보수	(313)	13.1	41.5	54.6	30.7	14.7	45.4	100.0

[계 속]

부록. 조사 결과표

[표 33] 북한인권단체 활동 필요성 평가 : 의료지원, 식량지원 등 대북지원

[문16-5] 이제부터 불러드리는 북한인권개선을 위한 북한인권단체 활동에 대해 필요한 것인지 아니면 필요하지 않는 것인지 말씀해 주십시오.

(단위 : %)

Base=전체	사례수(명)	매우 필요하다	대체로 필요하다	①+②	별로 필요하지 않다	전혀 필요하지 않다	③+④	계
■ 전체 ■	(1000)	15.2	46.2	61.4	27.6	11.0	38.6	100.0
북한인권 개선								
개선되고 있다	(75)	22.7	42.7	65.3	30.7	4.0	34.7	100.0
변함없다	(670)	13.0	48.2	61.2	29.1	9.7	38.8	100.0
나빠지고 있다	(255)	18.8	42.0	60.8	22.7	16.5	39.2	100.0
북한인권 개선 가능성								
가능성이 있다	(192)	20.8	50.5	71.4	26.0	2.6	28.6	100.0
가능성이 없다	(808)	13.9	45.2	59.0	28.0	13.0	41.0	100.0
북한인권 관심도								
관심이 있다	(658)	19.3	49.7	69.0	24.3	6.7	31.0	100.0
관심이 없다	(342)	7.3	39.5	46.8	33.9	19.3	53.2	100.0
북한인권 심각성								
심각하다	(970)	15.1	46.8	61.9	27.6	10.5	38.1	100.0
심각하지 않다	(30)	20.0	26.7	46.7	26.7	26.7	53.3	100.0
북한인권 개입								
간섭해서는 안된다	(360)	8.9	37.2	46.1	33.9	20.0	53.9	100.0
개입해야 한다	(640)	18.8	51.3	70.0	24.1	5.9	30.0	100.0
인권단체 도움여부								
도움이 된다	(534)	20.4	52.2	72.7	23.0	4.3	27.3	100.0
도움이 안된다	(466)	9.2	39.3	48.5	32.8	18.7	51.5	100.0

[표 34] 북한인권단체 활동 필요성 평가 : 북한인권 피해 기록 및 보관

[문16-6] 이제부터 불러드리는 북한인권개선을 위한 북한인권단체 활동에 대해 필요한 것인지 아니면 필요하지 않는 것인지 말씀해 주십시오.

(단위 : %)

Base=전체	사례수 (명)	매우 필요하다	대체로 필요하다	①+②	별로 필요하지 않다	전혀 필요하지 않다	③+④	계
■ 전체 ■	(1000)	22.7	56.2	78.9	16.4	4.7	21.1	100.0
성별								
남자	(495)	26.7	54.3	81.0	13.9	5.1	19.0	100.0
여자	(505)	18.8	58.0	76.8	18.8	4.4	23.2	100.0
연령								
19-29세	(145)	22.1	53.8	75.9	17.2	6.9	24.1	100.0
30-39세	(152)	23.0	53.3	76.3	16.4	7.2	23.7	100.0
40-49세	(184)	17.9	59.8	77.7	17.9	4.3	22.3	100.0
50-59세	(200)	20.5	60.5	81.0	14.5	4.5	19.0	100.0
60세이상	(319)	27.0	53.9	80.9	16.3	2.8	19.1	100.0
권역								
서울	(186)	23.1	57.0	80.1	12.4	7.5	19.9	100.0
인천/경기	(326)	22.4	61.0	83.4	13.5	3.1	16.6	100.0
대전/세종/충청	(106)	21.7	55.7	77.4	17.9	4.7	22.6	100.0
광주/전라	(94)	23.4	57.4	80.9	18.1	1.1	19.1	100.0
대구/경북	(97)	18.6	53.6	72.2	21.6	6.2	27.8	100.0
부산/울산/경남	(148)	27.0	48.0	75.0	20.9	4.1	25.0	100.0
강원/제주	(43)	18.6	48.8	67.4	20.9	11.6	32.6	100.0
학력								
고졸이하	(198)	20.2	52.0	72.2	22.7	5.1	27.8	100.0
대재이상	(802)	23.3	57.2	80.5	14.8	4.6	19.5	100.0
직업								
농/임/어업	(7)	57.1	14.3	71.4	28.6	0.0	28.6	100.0
자영업	(82)	28.0	51.2	79.3	14.6	6.1	20.7	100.0
판매/영업/서비스직	(86)	27.9	51.2	79.1	14.0	7.0	20.9	100.0
생산/기능/노무직	(59)	18.6	57.6	76.3	23.7	0.0	23.7	100.0
사무/관리/전문직	(441)	23.6	57.4	81.0	14.1	5.0	19.0	100.0
주부	(146)	16.4	57.5	74.0	22.6	3.4	26.0	100.0
학생	(43)	23.3	53.5	76.7	14.0	9.3	23.3	100.0
무직/퇴직/기타	(136)	19.9	59.6	79.4	16.9	3.7	20.6	100.0
가구소득								
200만원이하	(110)	14.5	55.5	70.0	21.8	8.2	30.0	100.0
201-300만원이하	(148)	23.6	50.7	74.3	20.3	5.4	25.7	100.0
301-400만원이하	(156)	21.2	58.3	79.5	16.0	4.5	20.5	100.0
401-500만원이하	(172)	25.6	55.2	80.8	16.3	2.9	19.2	100.0
501만원 이상	(414)	23.9	58.0	81.9	13.8	4.3	18.1	100.0
이념성향								
진보	(278)	23.0	59.4	82.4	13.3	4.3	17.6	100.0
중도	(409)	19.1	57.2	76.3	18.3	5.4	23.7	100.0
보수	(313)	27.2	52.1	79.2	16.6	4.2	20.8	100.0

[계 속]

[표 34] 북한인권단체 활동 필요성 평가 : 북한인권 피해 기록 및 보관

[문16-6] 이제부터 불러드리는 북한인권개선을 위한 북한인권단체 활동에 대해 필요한 것인지 아니면 필요하지 않는 것인지 말씀해 주십시오.

(단위 : %)

Base=전체	사례수 (명)	매우 필요하다	대체로 필요하다	①+②	별로 필요하지 않다	전혀 필요하지 않다	③+④	계
■ 전체 ■	(1000)	22.7	56.2	78.9	16.4	4.7	21.1	100.0
북한인권 개선								
개선되고 있다	(75)	24.0	50.7	74.7	21.3	4.0	25.3	100.0
변함없다	(670)	15.8	60.9	76.7	18.7	4.6	23.3	100.0
나빠지고 있다	(255)	40.4	45.5	85.9	9.0	5.1	14.1	100.0
북한인권 개선 가능성								
가능성이 있다	(192)	22.4	54.7	77.1	18.8	4.2	22.9	100.0
가능성이 없다	(808)	22.8	56.6	79.3	15.8	4.8	20.7	100.0
북한인권 관심도								
관심이 있다	(658)	28.1	56.1	84.2	13.7	2.1	15.8	100.0
관심이 없다	(342)	12.3	56.4	68.7	21.6	9.6	31.3	100.0
북한인권 심각성								
심각하다	(970)	23.1	56.7	79.8	16.4	3.8	20.2	100.0
심각하지 않다	(30)	10.0	40.0	50.0	16.7	33.3	50.0	100.0
북한인권 개입								
간섭해서는 안된다	(360)	9.7	48.1	57.8	31.4	10.8	42.2	100.0
개입해야 한다	(640)	30.0	60.8	90.8	8.0	1.3	9.2	100.0
인권단체 도움여부								
도움이 된다	(534)	31.1	58.4	89.5	9.6	0.9	10.5	100.0
도움이 안된다	(466)	13.1	53.6	66.7	24.2	9.0	33.3	100.0

[표 35] 북한인권단체 활동 필요성 평가 : 북한인권 문제에 대한 과거청산 준비

[문16-7] 이제부터 불러드리는 북한인권개선을 위한 북한인권단체 활동에 대해 필요한 것인지 아니면 필요하지 않는 것인지 말씀해 주십시오.

(단위 : %)

Base=전체		사례수 (명)	매우 필요하다	대체로 필요하다	①+②	별로 필요하지 않다	전혀 필요하지 않다	③+④	계
■ 전체 ■		(1000)	13.6	50.3	63.9	28.2	7.9	36.1	100.0
성별									
	남자	(495)	17.0	49.5	66.5	24.4	9.1	33.5	100.0
	여자	(505)	10.3	51.1	61.4	31.9	6.7	38.6	100.0
연령									
	19-29세	(145)	11.7	49.7	61.4	27.6	11.0	38.6	100.0
	30-39세	(152)	18.4	46.7	65.1	24.3	10.5	34.9	100.0
	40-49세	(184)	12.5	51.6	64.1	28.8	7.1	35.9	100.0
	50-59세	(200)	17.5	51.0	68.5	24.5	7.0	31.5	100.0
	60세이상	(319)	10.3	51.1	61.4	32.3	6.3	38.6	100.0
권역									
	서울	(186)	12.9	50.0	62.9	25.8	11.3	37.1	100.0
	인천/경기	(326)	14.7	53.7	68.4	24.2	7.4	31.6	100.0
	대전/세종/충청	(106)	13.2	52.8	66.0	25.5	8.5	34.0	100.0
	광주/전라	(94)	18.1	44.7	62.8	35.1	2.1	37.2	100.0
	대구/경북	(97)	10.3	43.3	53.6	36.1	10.3	46.4	100.0
	부산/울산/경남	(148)	13.5	50.7	64.2	30.4	5.4	35.8	100.0
	강원/제주	(43)	7.0	46.5	53.5	34.9	11.6	46.5	100.0
학력									
	고졸이하	(198)	12.6	47.0	59.6	30.3	10.1	40.4	100.0
	대재이상	(802)	13.8	51.1	65.0	27.7	7.4	35.0	100.0
직업									
	농/임/어업	(7)	14.3	28.6	42.9	57.1	0.0	57.1	100.0
	자영업	(82)	22.0	39.0	61.0	26.8	12.2	39.0	100.0
	판매/영업/서비스직	(86)	14.0	50.0	64.0	29.1	7.0	36.0	100.0
	생산/기능/노무직	(59)	16.9	47.5	64.4	33.9	1.7	35.6	100.0
	사무/관리/전문직	(441)	15.0	53.7	68.7	22.7	8.6	31.3	100.0
	주부	(146)	8.9	50.7	59.6	36.3	4.1	40.4	100.0
	학생	(43)	14.0	48.8	62.8	20.9	16.3	37.2	100.0
	무직/퇴직/기타	(136)	7.4	48.5	55.9	36.0	8.1	44.1	100.0
가구소득									
	200만원이하	(110)	10.9	40.9	51.8	33.6	14.5	48.2	100.0
	201-300만원이하	(148)	14.2	52.0	66.2	26.4	7.4	33.8	100.0
	301-400만원이하	(156)	14.7	50.0	64.7	28.2	7.1	35.3	100.0
	401-500만원이하	(172)	14.5	49.4	64.0	31.4	4.7	36.0	100.0
	501만원 이상	(414)	13.3	52.7	65.9	26.1	8.0	34.1	100.0
이념성향									
	진보	(278)	16.5	52.2	68.7	24.8	6.5	31.3	100.0
	중도	(409)	10.3	51.6	61.9	30.6	7.6	38.1	100.0
	보수	(313)	15.3	47.0	62.3	28.1	9.6	37.7	100.0

[계 속]

[표 35] 북한인권단체 활동 필요성 평가 : 북한인권 문제에 대한 과거청산 준비

[문16-7] 이제부터 불러드리는 북한인권개선을 위한 북한인권단체 활동에 대해 필요한 것인지 아니면 필요하지 않는 것인지 말씀해 주십시오.

(단위 : %)

Base=전체	사례수(명)	매우 필요하다	대체로 필요하다	①+②	별로 필요하지 않다	전혀 필요하지 않다	③+④	계
■ 전체 ■	(1000)	13.6	50.3	63.9	28.2	7.9	36.1	100.0
북한인권 개선								
개선되고 있다	(75)	12.0	52.0	64.0	25.3	10.7	36.0	100.0
변함없다	(670)	9.1	52.4	61.5	30.9	7.6	38.5	100.0
나빠지고 있다	(255)	25.9	44.3	70.2	22.0	7.8	29.8	100.0
북한인권 개선 가능성								
가능성이 있다	(192)	12.5	53.6	66.1	26.6	7.3	33.9	100.0
가능성이 없다	(808)	13.9	49.5	63.4	28.6	8.0	36.6	100.0
북한인권 관심도								
관심이 있다	(658)	16.4	53.0	69.5	25.4	5.2	30.5	100.0
관심이 없다	(342)	8.2	45.0	53.2	33.6	13.2	46.8	100.0
북한인권 심각성								
심각하다	(970)	13.7	50.8	64.5	28.7	6.8	35.5	100.0
심각하지 않다	(30)	10.0	33.3	43.3	13.3	43.3	56.7	100.0
북한인권 개입								
간섭해서는 안된다	(360)	7.2	38.1	45.3	38.9	15.8	54.7	100.0
개입해야 한다	(640)	17.2	57.2	74.4	22.2	3.4	25.6	100.0
인권단체 도움여부								
도움이 된다	(534)	19.1	57.5	76.6	19.7	3.7	23.4	100.0
도움이 안된다	(466)	7.3	42.1	49.4	38.0	12.7	50.6	100.0

[표 36] 북한인권단체 활동의 북한인권 개선 도움 여부

[문17] 북한인권단체의 활동이 북한인권 개선에 도움이 된다고 생각하십니까, 아니면 도움이 되지 않는다고 생각하십니까?

(단위 : %)

	Base=전체	사례수 (명)	매우 도움이 된다	대체로 도움이 된다	별로 도움이 안된다	전혀 도움이 안된다	계
	■ 전체 ■	(1000)	6.5	46.9	39.2	7.4	100.0
성별							
	남자	(495)	8.5	44.2	38.2	9.1	100.0
	여자	(505)	4.6	49.5	40.2	5.7	100.0
연령							
	19-29세	(145)	4.8	52.4	32.4	10.3	100.0
	30-39세	(152)	5.3	43.4	40.8	10.5	100.0
	40-49세	(184)	4.3	44.6	45.1	6.0	100.0
	50-59세	(200)	8.0	45.0	36.5	10.5	100.0
	60세이상	(319)	8.2	48.6	39.8	3.4	100.0
권역							
	서울	(186)	5.9	42.5	43.5	8.1	100.0
	인천/경기	(326)	4.9	50.0	38.7	6.4	100.0
	대전/세종/충청	(106)	9.4	41.5	40.6	8.5	100.0
	광주/전라	(94)	9.6	43.6	42.6	4.3	100.0
	대구/경북	(97)	7.2	48.5	35.1	9.3	100.0
	부산/울산/경남	(148)	6.1	49.3	37.8	6.8	100.0
	강원/제주	(43)	7.0	51.2	27.9	14.0	100.0
학력							
	고졸이하	(198)	9.1	46.0	38.9	6.1	100.0
	대재이상	(802)	5.9	47.1	39.3	7.7	100.0
직업							
	농/임/어업	(7)	14.3	42.9	42.9	0.0	100.0
	자영업	(82)	14.6	41.5	37.8	6.1	100.0
	판매/영업/서비스직	(86)	8.1	50.0	32.6	9.3	100.0
	생산/기능/노무직	(59)	8.5	49.2	39.0	3.4	100.0
	사무/관리/전문직	(441)	5.7	48.5	38.5	7.3	100.0
	주부	(146)	4.8	44.5	44.5	6.2	100.0
	학생	(43)	7.0	51.2	27.9	14.0	100.0
	무직/퇴직/기타	(136)	3.7	43.4	44.1	8.8	100.0
가구소득							
	200만원이하	(110)	5.5	40.9	40.9	12.7	100.0
	201-300만원이하	(148)	4.1	50.0	40.5	5.4	100.0
	301-400만원이하	(156)	12.2	48.1	33.3	6.4	100.0
	401-500만원이하	(172)	5.8	49.4	39.0	5.8	100.0
	501만원 이상	(414)	5.8	45.9	40.6	7.7	100.0
이념성향							
	진보	(278)	6.8	47.8	38.8	6.5	100.0
	중도	(409)	4.9	43.8	43.0	8.3	100.0
	보수	(313)	8.3	50.2	34.5	7.0	100.0

[계 속]

부록. 조사 결과표

[표 36] 북한인권단체 활동의 북한인권 개선 도움 여부

[문17] 북한인권단체의 활동이 북한인권 개선에 도움이 된다고 생각하십니까, 아니면 도움이 되지 않는다고 생각하십니까?

(단위 : %)

Base=전체		사례수 (명)	매우 도움이 된다	대체로 도움이 된다	별로 도움이 안된다	전혀 도움이 안된다	계
■ 전체 ■		(1000)	6.5	46.9	39.2	7.4	100.0
북한인권 개선							
	개선되고 있다	(75)	10.7	49.3	37.3	2.7	100.0
	변함없다	(670)	4.0	48.8	40.0	7.2	100.0
	나빠지고 있다	(255)	11.8	41.2	37.6	9.4	100.0
북한인권 개선 가능성							
	가능성이 있다	(192)	8.9	53.6	34.4	3.1	100.0
	가능성이 없다	(808)	5.9	45.3	40.3	8.4	100.0
북한인권 관심도							
	관심이 있다	(658)	9.1	52.7	33.9	4.3	100.0
	관심이 없다	(342)	1.5	35.7	49.4	13.5	100.0
북한인권 심각성							
	심각하다	(970)	6.7	47.8	38.6	6.9	100.0
	심각하지 않다	(30)	0.0	16.7	60.0	23.3	100.0
북한인권 개입							
	간섭해서는 안된다	(360)	3.3	34.2	48.1	14.4	100.0
	개입해야 한다	(640)	8.3	54.1	34.2	3.4	100.0
인권단체 도움여부							
	도움이 된다	(534)	12.2	87.8	0.0	0.0	100.0
	도움이 안된다	(466)	0.0	0.0	84.1	15.9	100.0

[표 37] 정부차원의 문제 제기 필요성 평가

[문18] 북한인권 개선을 위해서 한국 정부가 북한인권문제를 북한 당국에 공식적으로 제기해야 한다고 생각하십니까, 제기하면 안된다고 생각하십니까?

(단위 : %)

	Base=전체	사례수 (명)	제기해야 한다	제기하면 안된다	계
	◼ 전체 ◼	(1000)	61.5	38.5	100.0
성별					
	남자	(495)	68.5	31.5	100.0
	여자	(505)	54.7	45.3	100.0
연령					
	19-29세	(145)	55.9	44.1	100.0
	30-39세	(152)	55.3	44.7	100.0
	40-49세	(184)	53.8	46.2	100.0
	50-59세	(200)	63.0	37.0	100.0
	60세이상	(319)	70.5	29.5	100.0
권역					
	서울	(186)	61.3	38.7	100.0
	인천/경기	(326)	63.2	36.8	100.0
	대전/세종/충청	(106)	59.4	40.6	100.0
	광주/전라	(94)	67.0	33.0	100.0
	대구/경북	(97)	59.8	40.2	100.0
	부산/울산/경남	(148)	59.5	40.5	100.0
	강원/제주	(43)	53.5	46.5	100.0
학력					
	고졸이하	(198)	59.6	40.4	100.0
	대재이상	(802)	62.0	38.0	100.0
직업					
	농/임/어업	(7)	71.4	28.6	100.0
	자영업	(82)	63.4	36.6	100.0
	판매/영업/서비스직	(86)	60.5	39.5	100.0
	생산/기능/노무직	(59)	61.0	39.0	100.0
	사무/관리/전문직	(441)	63.5	36.5	100.0
	주부	(146)	52.7	47.3	100.0
	학생	(43)	62.8	37.2	100.0
	무직/퇴직/기타	(136)	63.2	36.8	100.0
가구소득					
	200만원이하	(110)	57.3	42.7	100.0
	201-300만원이하	(148)	56.8	43.2	100.0
	301-400만원이하	(156)	59.6	40.4	100.0
	401-500만원이하	(172)	64.5	35.5	100.0
	501만원 이상	(414)	63.8	36.2	100.0
이념성향					
	진보	(278)	64.7	35.3	100.0
	중도	(409)	54.8	45.2	100.0
	보수	(313)	67.4	32.6	100.0

[계 속]

[표 37] 정부차원의 문제 제기 필요성 평가

[문18] 북한인권 개선을 위해서 한국 정부가 북한인권문제를 북한 당국에 공식적으로 제기해야 한다고 생각하십니까, 제기하면 안된다고 생각하십니까?

(단위 : %)

Base=전체		사례수 (명)	제기해야 한다	제기하면 안된다	계
■ 전체 ■		(1000)	61.5	38.5	100.0
북한인권 개선					
	개선되고 있다	(75)	69.3	30.7	100.0
	변함없다	(670)	56.9	43.1	100.0
	나빠지고 있다	(255)	71.4	28.6	100.0
북한인권 개선 가능성					
	가능성이 있다	(192)	66.7	33.3	100.0
	가능성이 없다	(808)	60.3	39.7	100.0
북한인권 관심도					
	관심이 있다	(658)	70.8	29.2	100.0
	관심이 없다	(342)	43.6	56.4	100.0
북한인권 심각성					
	심각하다	(970)	62.5	37.5	100.0
	심각하지 않다	(30)	30.0	70.0	100.0
북한인권 개입					
	간섭해서는 안된다	(360)	37.8	62.2	100.0
	개입해야 한다	(640)	74.8	25.2	100.0
인권단체 도움여부					
	도움이 된다	(534)	76.2	23.8	100.0
	도움이 안된다	(466)	44.6	55.4	100.0

[표 38] 문제 제기시 남북관계에 미칠 영향

[문19] 한국 정부가 북한 당국에 북한인권 문제점을 제기하는 것이 남북관계에 어떤 영향을 미칠 것이라고 생각하십니까?

(단위 : %)

Base=전체		사례수 (명)	북한인권 개선에 있어서 긍정적으로 영향을 미칠 것이다	남북관계가 악화되거나 긴장이 강화되는 등 부정적으로 영향을 미칠 것이다	아무 영향을 미치지 않을 것이다	계
	◼ 전체 ◼	(1000)	16.8	71.6	11.6	100.0
성별						
	남자	(495)	19.8	67.5	12.7	100.0
	여자	(505)	13.9	75.6	10.5	100.0
연령						
	19-29세	(145)	19.3	67.6	13.1	100.0
	30-39세	(152)	13.8	73.7	12.5	100.0
	40-49세	(184)	12.0	76.6	11.4	100.0
	50-59세	(200)	15.5	70.0	14.5	100.0
	60세이상	(319)	20.7	70.5	8.8	100.0
권역						
	서울	(186)	15.6	73.7	10.8	100.0
	인천/경기	(326)	18.7	70.6	10.7	100.0
	대전/세종/충청	(106)	14.2	75.5	10.4	100.0
	광주/전라	(94)	22.3	73.4	4.3	100.0
	대구/경북	(97)	13.4	68.0	18.6	100.0
	부산/울산/경남	(148)	16.2	67.6	16.2	100.0
	강원/제주	(43)	11.6	79.1	9.3	100.0
학력						
	고졸이하	(198)	17.2	69.7	13.1	100.0
	대재이상	(802)	16.7	72.1	11.2	100.0
직업						
	농/임/어업	(7)	14.3	71.4	14.3	100.0
	자영업	(82)	22.0	67.1	11.0	100.0
	판매/영업/서비스직	(86)	15.1	69.8	15.1	100.0
	생산/기능/노무직	(59)	18.6	74.6	6.8	100.0
	사무/관리/전문직	(441)	16.3	74.8	8.8	100.0
	주부	(146)	13.7	69.9	16.4	100.0
	학생	(43)	30.2	55.8	14.0	100.0
	무직/퇴직/기타	(136)	14.7	70.6	14.7	100.0
가구소득						
	200만원이하	(110)	20.9	62.7	16.4	100.0
	201-300만원이하	(148)	12.8	75.0	12.2	100.0
	301-400만원이하	(156)	18.6	69.9	11.5	100.0
	401-500만원이하	(172)	16.9	75.0	8.1	100.0
	501만원 이상	(414)	16.4	72.0	11.6	100.0

[계 속]

부록. 조사 결과표

[표 38] 문제 제기시 남북관계에 미칠 영향

[문19] 한국 정부가 북한 당국에 북한인권 문제점을 제기하는 것이 남북관계에 어떤 영향을 미칠 것이라고 생각하십니까?

(단위 : %)

Base=전체		사례수 (명)	북한인권 개선에 있어서 긍정적으로 영향을 미칠 것이다	남북관계가 악화되거나 긴장이 강화되는 등 부정적으로 영향을 미칠 것이다	아무 영향을 미치지 않을 것이다	계
■ 전체 ■		(1000)	16.8	71.6	11.6	100.0
이념성향						
	진보	(278)	17.6	71.9	10.4	100.0
	중도	(409)	13.7	74.3	12.0	100.0
	보수	(313)	20.1	67.7	12.1	100.0
북한인권 개선						
	개선되고 있다	(75)	22.7	66.7	10.7	100.0
	변함없다	(670)	13.3	75.5	11.2	100.0
	나빠지고 있다	(255)	24.3	62.7	12.9	100.0
북한인권 개선 가능성						
	가능성이 있다	(192)	19.8	70.8	9.4	100.0
	가능성이 없다	(808)	16.1	71.8	12.1	100.0
북한인권 관심도						
	관심이 있다	(658)	21.0	70.2	8.8	100.0
	관심이 없다	(342)	8.8	74.3	17.0	100.0
북한인권 심각성						
	심각하다	(970)	17.0	71.9	11.1	100.0
	심각하지 않다	(30)	10.0	63.3	26.7	100.0
북한인권 개입						
	간섭해서는 안된다	(360)	10.0	74.2	15.8	100.0
	개입해야 한다	(640)	20.6	70.2	9.2	100.0
인권단체 도움여부						
	도움이 된다	(534)	26.6	67.0	6.4	100.0
	도움이 안된다	(466)	5.6	76.8	17.6	100.0

[표 39] 북한인권 개선 노력 주체
[문20] 북한인권 개선을 위해서 다음 중 누가 가장 노력해야 한다고 생각하십니까?

(단위 : %)

Base=전체	사례수 (명)	우리 정부	북한 정부	국내 북한인권 단체	국제인권 단체	미국 등 각국 정부	유엔	계
■ 전체 ■	(1000)	12.9	36.1	4.8	24.5	9.0	12.7	100.0
성별								
남자	(495)	17.2	35.8	5.3	21.0	9.3	11.5	100.0
여자	(505)	8.7	36.4	4.4	27.9	8.7	13.9	100.0
연령								
19-29세	(145)	13.1	41.4	8.3	15.9	9.7	11.7	100.0
30-39세	(152)	11.2	41.4	6.6	20.4	6.6	13.8	100.0
40-49세	(184)	10.9	32.6	2.2	26.1	12.5	15.8	100.0
50-59세	(200)	15.5	36.5	3.0	27.5	7.5	10.0	100.0
60세이상	(319)	13.2	32.9	5.0	27.6	8.8	12.5	100.0
권역								
서울	(186)	11.8	36.6	4.8	26.3	8.6	11.8	100.0
인천/경기	(326)	11.3	35.3	5.5	25.2	8.9	13.8	100.0
대전/세종/충청	(106)	20.8	33.0	2.8	26.4	10.4	6.6	100.0
광주/전라	(94)	14.9	38.3	5.3	18.1	8.5	14.9	100.0
대구/경북	(97)	12.4	33.0	3.1	23.7	9.3	18.6	100.0
부산/울산/경남	(148)	10.8	39.9	5.4	23.6	8.8	11.5	100.0
강원/제주	(43)	14.0	37.2	4.7	25.6	9.3	9.3	100.0
학력								
고졸이하	(198)	13.1	35.9	7.6	20.7	10.1	12.6	100.0
대재이상	(802)	12.8	36.2	4.1	25.4	8.7	12.7	100.0
직업								
농/임/어업	(7)	0.0	28.6	0.0	14.3	42.9	14.3	100.0
자영업	(82)	19.5	35.4	3.7	20.7	7.3	13.4	100.0
판매/영업/서비스직	(86)	14.0	30.2	10.5	26.7	7.0	11.6	100.0
생산/기능/노무직	(59)	13.6	30.5	10.2	18.6	13.6	13.6	100.0
사무/관리/전문직	(441)	13.2	38.3	3.4	25.9	9.1	10.2	100.0
주부	(146)	8.2	37.7	3.4	26.7	8.9	15.1	100.0
학생	(43)	18.6	34.9	4.7	7.0	14.0	20.9	100.0
무직/퇴직/기타	(136)	11.0	34.6	5.9	27.2	5.9	15.4	100.0
가구소득								
200만원이하	(110)	12.7	30.9	9.1	22.7	7.3	17.3	100.0
201-300만원이하	(148)	12.2	36.5	6.8	23.6	8.8	12.2	100.0
301-400만원이하	(156)	16.0	37.2	4.5	25.6	6.4	10.3	100.0
401-500만원이하	(172)	14.0	32.6	6.4	23.3	8.7	15.1	100.0
501만원 이상	(414)	11.6	38.4	2.4	25.4	10.6	11.6	100.0
이념성향								
진보	(278)	12.2	39.6	5.0	25.2	7.6	10.4	100.0
중도	(409)	12.2	35.0	4.4	25.4	8.3	14.7	100.0
보수	(313)	14.4	34.5	5.1	22.7	11.2	12.1	100.0

[계 속]

[표 39] 북한인권 개선 노력 주체

[문20] 북한인권 개선을 위해서 다음 중 누가 가장 노력해야 한다고 생각하십니까?

(단위 : %)

Base=전체	사례수 (명)	우리 정부	북한 정부	국내 북한인권 단체	국제인권 단체	미국 등 각국 정부	유엔	계
■ 전체 ■	(1000)	12.9	36.1	4.8	24.5	9.0	12.7	100.0
북한인권 개선								
개선되고 있다	(75)	12.0	34.7	2.7	25.3	14.7	10.7	100.0
변함없다	(670)	12.5	37.8	5.2	24.9	6.7	12.8	100.0
나빠지고 있다	(255)	14.1	32.2	4.3	23.1	13.3	12.9	100.0
북한인권 개선 가능성								
가능성이 있다	(192)	17.7	31.8	6.8	23.4	8.9	11.5	100.0
가능성이 없다	(808)	11.8	37.1	4.3	24.8	9.0	13.0	100.0
북한인권 관심도								
관심이 있다	(658)	15.3	31.9	4.9	27.1	8.7	12.2	100.0
관심이 없다	(342)	8.2	44.2	4.7	19.6	9.6	13.7	100.0
북한인권 심각성								
심각하다	(970)	12.7	36.5	4.4	24.7	8.8	12.9	100.0
심각하지 않다	(30)	20.0	23.3	16.7	16.7	16.7	6.7	100.0
북한인권 개입								
간섭해서는 안된다	(360)	7.5	43.3	5.0	19.2	9.4	15.6	100.0
개입해야 한다	(640)	15.9	32.0	4.7	27.5	8.8	11.1	100.0
인권단체 도움여부								
도움이 된다	(534)	18.0	30.3	6.0	24.7	8.6	12.4	100.0
도움이 안된다	(466)	7.1	42.7	3.4	24.2	9.4	13.1	100.0

[표 40] 북한 주민의 인권 침해자에 대한 처벌 필요성
[문21] 한국 정부가 북한 당국에 북한인권 문제점을 제기하는 것이 남북관계에 어떤 영향을 미칠 것이라고 생각하십니까?

(단위 : %)

Base=전체		사례수 (명)	강력하게 처벌해야 한다	침해유형이나 피해정도를 따져 어느 정도 처벌이 필요하다	사회통합을 위해 용서해야 한다	계
◼ 전체 ◼		(1000)	36.4	60.5	3.1	100.0
성별						
	남자	(495)	42.4	54.7	2.8	100.0
	여자	(505)	30.5	66.1	3.4	100.0
연령						
	19-29세	(145)	34.5	60.7	4.8	100.0
	30-39세	(152)	40.1	55.9	3.9	100.0
	40-49세	(184)	29.3	65.8	4.9	100.0
	50-59세	(200)	33.0	65.5	1.5	100.0
	60세이상	(319)	41.7	56.4	1.9	100.0
권역						
	서울	(186)	36.6	59.7	3.8	100.0
	인천/경기	(326)	40.2	57.1	2.8	100.0
	대전/세종/충청	(106)	28.3	68.9	2.8	100.0
	광주/전라	(94)	35.1	62.8	2.1	100.0
	대구/경북	(97)	39.2	58.8	2.1	100.0
	부산/울산/경남	(148)	31.1	64.9	4.1	100.0
	강원/제주	(43)	41.9	53.5	4.7	100.0
학력						
	고졸이하	(198)	32.8	63.1	4.0	100.0
	대재이상	(802)	37.3	59.9	2.9	100.0
직업						
	농/임/어업	(7)	42.9	57.1	0.0	100.0
	자영업	(82)	42.7	53.7	3.7	100.0
	판매/영업/서비스직	(86)	40.7	58.1	1.2	100.0
	생산/기능/노무직	(59)	42.4	55.9	1.7	100.0
	사무/관리/전문직	(441)	35.6	61.5	2.9	100.0
	주부	(146)	28.1	67.1	4.8	100.0
	학생	(43)	32.6	58.1	9.3	100.0
	무직/퇴직/기타	(136)	39.7	58.8	1.5	100.0
가구소득						
	200만원이하	(110)	35.5	60.9	3.6	100.0
	201-300만원이하	(148)	35.1	62.2	2.7	100.0
	301-400만원이하	(156)	37.2	61.5	1.3	100.0
	401-500만원이하	(172)	34.9	62.8	2.3	100.0
	501만원 이상	(414)	37.4	58.5	4.1	100.0
이념성향						
	진보	(278)	28.1	68.0	4.0	100.0
	중도	(409)	33.7	62.8	3.4	100.0
	보수	(313)	47.3	50.8	1.9	100.0

[계 속]

[표 40] 북한 주민의 인권 침해자에 대한 처벌 필요성

[문21] 북한 주민의 인권을 침해한 가해자에 대한 처벌이 필요하다고 생각하십니까, 필요하지 않다고 생각하십니까?

(단위 : %)

Base=전체	사례수 (명)	강력하게 처벌해야 한다	침해유형이나 피해정도를 따져 어느 정도 처벌이 필요하다	사회통합을 위해 용서해야 한다	계
■ 전체 ■	(1000)	36.4	60.5	3.1	100.0
북한인권 개선					
개선되고 있다	(75)	21.3	74.7	4.0	100.0
변함없다	(670)	30.4	66.6	3.0	100.0
나빠지고 있다	(255)	56.5	40.4	3.1	100.0
북한인권 개선 가능성					
가능성이 있다	(192)	20.3	76.6	3.1	100.0
가능성이 없다	(808)	40.2	56.7	3.1	100.0
북한인권 관심도					
관심이 있다	(658)	39.8	58.2	2.0	100.0
관심이 없다	(342)	29.8	64.9	5.3	100.0
북한인권 심각성					
심각하다	(970)	36.8	60.5	2.7	100.0
심각하지 않다	(30)	23.3	60.0	16.7	100.0
북한인권 개입					
간섭해서는 안된다	(360)	31.4	64.7	3.9	100.0
개입해야 한다	(640)	39.2	58.1	2.7	100.0
인권단체 도움여부					
도움이 된다	(534)	40.1	57.5	2.4	100.0
도움이 안된다	(466)	32.2	63.9	3.9	100.0

북한인권정보센터 소개

(사)북한인권정보센터 소개

(사)북한인권정보센터는 북한의 인권개선과 북한인권침해(과거사) 청산을 주요 목표로 하고 있으며, 북한인권침해 실태조사, 북한인권기록보존소 운영을 통한 북한인권침해 기록DB 구축 및 관리, 북한인권침해 구제 및 예방, 북한인권피해자 보호와 정착지원을 위해 2003년 설립됐습니다.

O 연혁
2003년 5월 10일 설립
2004년 3월 25일 사단법인 인가
2005년 1월 3일 NK Social Research, NKDB 정착지원본부 개설
2007년 6월 북한인권기록보존소 개설
2007년 8월 북한인권통계백서 2007 출판
2012년 3월 국군포로·납북자 정착지원센터 개설
2016년 남북사회통합교육원, 북한인권감시기구 출범
2020년 7월 경기서부하나센터 개소
2022년 2월 NKDB 인권침해지원센터 출범
2003년~ 현재까지 북한인권통합DB 구축 및 관리

O 주요활동

1. 북한인권기록보존소:
북한 인권침해 사건 및 인물정보 수집, 북한사회조사·연구
북한 인권침해 사건 분석 및 DB 구축, 북한 인권실태 및 정책연구,
북한인권 관련 출판 및 홍보, 과거청산통합연구 활동, 북한생활경험자 실태조사

2. 정착지원본부:
북한생활경험자 사회정착지원, 고문 및 장기구금자 (PTSD) 지원 서비스

3. 남북사회통합교육원
북한인권 전문 인력 양성, 영문정례브리핑, 북한인권/통일외교/심리공감/통일법률/통일사회복지/남북통합아카데미, 남북동행포럼 운영

4. 북한8대감시기구:
북한사형 감시기구, 북한마약류 감시기구, 북한종교감시기구, 북한핵/생물/화학무기 및 인권감시기구, 해외북한인권 감시기구, 북한UN권고이행 감시기구, 북한 구금시설감시기구, 북한군인권감시기구

5. 인권침해지원센터:
북한인권 피해자의 인권침해 구제, 인권침해 가해자와 사건에 대한 책임규명, 북한인권 책임규명에 대한 건전한 공론화와 남북사회통합 기반 마련

(사)북한인권정보센터 출판도서 목록

도서명   저자   출판년도   가격

◈ 연례도서

북한인권통계백서(국문)

도서명	저자	출판년도	가격
2007 북한인권통계백서	윤여상 외	2007	20,000원
2008 북한인권백서	북한인권기록보존소 윤여상 외	2008	20,000원
2009 북한인권백서	북한인권기록보존소 윤여상 외	2009	20,000원
2010 북한인권백서	북한인권기록보존소 윤여상 외	2010	20,000원
2011 북한인권백서	북한인권기록보존소 윤여상 외	2011	30,000원

(사)북한인권정보센터

	2012 북한인권백서	북한인권기록보존소 윤여상 외	2012	30,000원
	2013 북한인권백서	북한인권기록보존소 윤여상 외	2013	30,000원
	2014 북한인권백서	북한인권기록보존소 윤여상 외	2014	30,000원
	2015 북한인권백서	북한인권기록보존소 윤여상 외	2015	30,000원
	2016 북한인권백서	북한인권기록보존소 안현민 외	2016	30,000원
	2017 북한인권백서	북한인권기록보존소 최선영 외	2017	30,000원
	2018 북한인권백서	북한인권기록보존소 임순희 외	2018	30,000원

	2019 북한인권백서	북한인권기록보존소 임순희 외	2019	30,000원
	2020 북한인권백서	북한인권기록보존소 안현민 외	2020	30,000원

북한인권통계백서(영문)

	White Paper on North Korean Human Rights Statistics 2007	북한인권기록보존소 윤여상 외	2008	20,000원
	White Paper on North Korean Human Rights 2008	북한인권기록보존소 윤여상 외	2008	20,000원
	White Paper on North Korean Human Rights 2009	북한인권기록보존소 윤여상 외	2009	20,000원
	White Paper on North Korean Human Rights 2010	북한인권기록보존소 윤여상 외	2010	20,000원
	White Paper on North Korean Human Rights 2011	북한인권기록보존소 윤여상 외	2011	30,000원

	White Paper on North Korean Human Rights 2012	북한인권기록보존소 윤여상 외	2012	30,000원
	White Paper on North Korean Human Rights 2013	북한인권기록보존소 윤여상 외	2013	30,000원
	White Paper on North Korean Human Rights 2014	북한인권기록보존소 윤여상 외	2014	30,000원
	White Paper on North Korean Human Rights 2015	북한인권기록보존소 윤여상 외	2015	30,000원
	White Paper on North Korean Human Rights 2016	북한인권기록보존소 윤여상 외	2016	30,000원
	White Paper on North Korean Human Rights 2017	북한인권기록보존소 최선영 외	2018	30,000원
	White Paper on North Korean Human Rights 2018	북한인권기록보존소 임순희 외	2019	30,000원

	White Paper on North Korean Human Rights 2019	북한인권기록보존소 임순희 외	2019	30,000원
	White Paper on North Korean Human Rights 2020	북한인권기록보존소 임순희 외	2019	30,000원

북한종교자유백서(국문)

	2008 북한종교자유백서	윤여상, 한선영	2008	10,000원
	2009 북한종교자유백서	윤여상, 한선영	2009	10,000원
	2010 북한종교자유백서	윤여상, 한선영	2010	10,000원
	2011 북한종교자유백서	윤여상, 한선영, 윤중근	2012	10,000원
	2012 북한종교자유백서	윤여상, 한선영, 장은실	2013	20,000원

	2013 북한종교자유백서	윤여상, 정재호, 안현민	2013	20,000원
	2014 북한종교자유백서	윤여상, 정재호, 안현민	2014	20,000원
	2015 북한종교자유백서	윤여상, 정재호, 안현민	2015	20,000원
	2016 북한종교자유백서	정재호, 안현민, 윤여상	2016	20,000원
	2017 북한종교자유백서	안현민, 윤여상, 정재호	2017	20,000원
	2018 북한종교자유백서	안현민, 윤여상, 정재호	2018	20,000원
	2019 북한종교자유백서	안현민, 윤여상, 정재호	2019	20,000원

	2020 북한종교자유백서	안현민, 윤여상, 정재호	2020	20,000원

북한종교자유백서(영문)

	White Paper on Religious Freedom in North Korea 2009	윤여상, 한선영, 장은실	2009	10,000원
	Religious Freedom in North Korea 2012	윤여상, 한선영 장은실, 최선영	2013	10,000원
	White Paper on Religious Freedom in North Korea 2013	윤여상, 정재호, 안현민	2013	20,000원
	White Paper on Religious Freedom in North Korea 2014	윤여상, 정재호, 안현민	2014	20,000원
	White Paper on Religious Freedom in North Korea 2015	윤여상, 정재호, 안현민	2015	20,000원
	White Paper on Religious Freedom in North Korea 2016	정재호, 안현민, 윤여상	2016	20,000원

White Paper on Religious Freedom in North Korea 2017	안현민, 윤여상, 정재호	2018	20,000원
White Paper on Religious Freedom in North Korea 2018	안현민, 윤여상, 정재호	2019	20,000원

북한이탈주민경제활동동향(국문)

2006 북한이탈주민 경제활동 동향 - 취업,실업,소득	엄홍석, 윤여상, 허선행	2007	5,000원
2007 북한이탈주민 경제활동 동향 - 취업,실업,소득	윤여상, 허선행	2008	5,000원
2008 북한이탈주민 경제활동 동향 - 취업,실업,소득	북한인권정보센터	2009	5,000원
2009 북한이탈주민 경제활동 동향 - 취업,실업,소득	허선행, 임순희	2010	5,000원
2010 북한이탈주민 경제활동 동향 - 취업,실업,소득	서윤환, 이용화	2011	10,000원

표지	제목	저자	발행연도	가격
	2011 북한이탈주민 경제활동 동향 - 취업,실업,소득	서윤환, 이용화	2012	10,000원
	2012 북한이탈주민 경제활동 동향 - 취업,실업,소득	서윤환, 신효선	2013	10,000원
	2013 북한이탈주민 경제활동 동향 - 취업,실업,소득	서윤환, 신효선, 박성철	2014	12,000원
	2014 북한이탈주민 경제활동 동향 - 취업,실업,소득	임순희, 안현민	2015	12,000원
	2015 북한이탈주민 경제사회통합 실태	윤여상, 임순희	2016	17,000원
	2016 북한이탈주민 경제사회통합 실태	임순희, 윤인진, 양진아	2017	17,000원
	2017 북한이탈주민 경제사회통합 실태	임순희, 윤인진, 김슬기	2018	17,000원

2018 북한이탈주민 경제사회통합 실태	임순희, 김석창	2019	17,000원
2019 북한이탈주민 경제사회통합 실태	안현민, 김성남	2019	17,000원
2020 북한이탈주민 경제사회통합 실태	김성남, 김소원	2020	17,000원
2021 북한이탈주민 경제사회통합 실태	임순희, 김가영, 성민주	2021	17,000원
2022 북한이탈주민 경제사회통합 실태	임순희, 성민주, 이경현	2022	17,000원

북한이탈주민경제활동동향(영문)

2009/2010 Trends in Economic Activities of North Korean Defectors	허선행, 임순희 서윤환, 이용화	2011	15,000원
2018 Social and Economic Integration of North Korean Defectors in South Korea	임순희, 김석창	2019	17,000원

북한인권에 대한 국민인식조사(국문)

	북한인권에 대한 국민 인식 조사	윤여상, 임순희	2014	15,000원
	2015 북한인권에 대한 국민 인식 조사	윤여상, 임순희	2015	15,000원
	2016 북한인권에 대한 국민 인식 조사	윤여상, 임순희	2016	15,000원
	2017 북한인권에 대한 국민 인식 조사	임순희	2018	10,000원
	2018 북한인권에 대한 국민 인식 조사	윤여상, 임순희	2019	10,000원
	2019 북한인권에 대한 국민 인식 조사	윤여상, 임순희	2019	10,000원
	2020북한인권에 대한 국민 인식 조사	윤여상, 임순희	2020	10,000원

(사)북한인권정보센터

2021 북한인권에 대한 국민 인식 조사	윤여상, 임순희, 지성호	2021	비매품/무료
2022 북한인권에 대한 국민 인식 조사	윤여상, 임순희, 윤기웅	2022	17,000원

◈ 단행본

Are They Telling Us the Truth?	Hiroshi Kato, 김상헌, 윤여상, Tim Peters	2003	¥2,500
북한 정치범수용소 완전통제구역 세상밖으로 나오다	신동혁	2007	13,000원
서독 잘쯔기터 인권침해 중앙기록보존소	Heiner Sauer, Hans-Otto Plumeyer(이건호 譯)	2008	12,000원
북한 인권 문헌 분석	윤여상 외	2008	20,000원
국군포로 문제의 종합적 이해	오경섭, 윤여상, 허선행	2008	15,000원

	제목	저자	연도	가격
	북한의 반인도적 범죄에 대한 긴급대응	세계기독연대(북한인권정보센터 譯)	2011	15,000원
	북한 정치범수용소의 운영체계와 인권실태	윤여상, 이자은, 한선영	2011	30,000원
	북한 구금시설 운영체계와 인권실태	윤여상, 구현자, 김인성, 이지현	2011	25,000원
	Political Prison Camps in North Korea Today	윤여상, 이자은, 한선영	2011	20$
	Prisoners in North Korea Today	윤여상, 구현자, 김인성, 이지현	2011	20$
	북한인권사건리포트: VICTIMS' VOICES 제1권	북한인권기록보존소	2013	비매품
	北韓人權事件レポート:VICTIMS' VOICES 第1卷	북한인권정보센터	2013	비매품

(사)북한인권정보센터

	제목	저자	연도	가격
	North Korean Human Rights Case Report: VICTIMS' VOICES Volume I	북한인권정보센터	2013	비매품
	북한인권사건리포트: VICTIMS' VOICES 제2권	북한인권정보센터	2013	비매품
	北韓人權事件レポート:VICTIMS' VOICES 第2巻	북한인권정보센터	2013	비매품
	North Korean Human Rights Case Report: VICTIMS' VOICES Volume II	북한인권정보센터	2013	비매품
	중국의 탈북자 강제송환과 인권실태	윤여상, 박성철, 임순희	2013	20,000원
	North Korean Defectors in China - Forced Repatriation and Human Rights Violations -	윤여상, 박성철, 임순희	2014	20$
	Nordkoreanischer Menschenrechtsfallbericht VICTIMS' VOICES	북한인권정보센터	2014	20$
	Cahiers d'observations des droits de l'Homme en Corée du Nord VICTIMS' VOICES	북한인권정보센터	2014	20$

	북한 해외 노동자 현황과 인권실태	윤여상, 이승주	2015	17,000원
	Human rights and North Korea's Overseas Laborers: Dilemmas and Policy Challenges	윤여상, 이승주	2015	17,000원
	북한 구금시설 총서I: 북한 구금시설 현황과 개선방안	북한인권정보센터	2016	10,000원
	북한 구금시설 총서I:개천 1호 교화소	이승주	2016	10,000원
	북한 구금시설 총서I:강동 4호 교화소	유혜정	2016	7,000원
	북한 구금시설 총서I:함흥 9호 교화소	안현민	2016	10,000원
	북한 구금시설 총서I:증산 11호 교화소	임순희	2016	10,000원
	북한 구금시설 총서I:전거리 12호 교화소	김인성	2016	10,000원

	북한 구금시설 총서I:오로 22호 교화소	서윤환	2016	7,000원
	2014 유엔 북한인권조사위원회(COI) 보고서 발간 이후 북한 인권 평가보고서 : 북한인권정보센터의 DB 분석을 중심으로	북한인권정보센터	2016	비매품
	An Evaluation Report of the North Korean Human Rights Situation after the 2014 UN Commission on Inquiry Report-Based on an Analysis of NKDB's Database	북한인권정보센터	2016	비매품
	북한 밖의 북한	윤여상, 이승주	2016	20,000원
	북한 정치범수용소 근무자, 수감자 및 실종자 인명사전	북한인권정보센터	2016	비매품
	North Korean Political Prison Camps A Catalogue of Political Prison Camp Staff, Detainees, and Victims of Enforced Disappearance	북한인권정보센터	2016	비매품
	北朝鮮政治犯収容所 勤務者、収監者および失踪者 人名事典	북한인권정보센터	2016	비매품
	Campos de Concentración para Prisioneros Políticos Norcoreanos	북한인권정보센터	2016	비매품

	제목	저자	연도	가격
	러시아 지역 북한 노동자의 근로와 인권 실태	박찬홍	2016	20,000
	North Korean Overseas Laborers in Russia	박찬홍	2016	20,000
	The North Korea outside the North Korean State	Yoon Yeo-sang, Lee Seung Ju	2017	$20
	유엔인권이사회 제1차 보편적 정례검토와 북한	최선영, 양진아, 이나경, 송한나	2017	20,000
	The UN Universal Periodic Review and the DPRK	최선영, 양진아, 이나경, 송한나	2017	$20
	군복 입은 수감자 북한군 인권 실태 보고서	김인성, 안현민, 송한나	2018	15,000
	북한 여성 생리 관련 실태-이런 것은 부끄러운 것으로 알아요	안현민, 심진아	2018	비매품
	The State of Menstrual Health of North Korean Women – "Periods are a shameful thing in North Korea"	안현민, 심진아	2018	비매품

	제목	저자	연도	가격
	두 번째 기회: 제2차 보편적 정례검토 권고사항의 수용 및 실행에 대한 모니터링	송한나	2019	20,000
	UN 지속가능발전목표(SDGs)와 인권의 결합 - SDG 목표3: 건강권을 중심으로	임순희	2019	비매품
	UN Sustainable Development Goals and Human Rights - SDG 3: The Right to Health in North Korea	임순희	2019	비매품
	스토리북 : 나의 세 번째 집	김동주	2019	비매품
	스토리북 : 다시 찾은 인생길	김주희	2019	비매품
	스토리북 : 푸르른 삼각산아	박용석	2019	비매품
	2020 초기 정착 생활 길라잡이	정착지원본부	2020	비매품
	북한 '사회주의 대가정'의 노동 정책과 '세포 가정'의 균열 : 성역할의 탈가부장적 재구성의 강제와 부부갈등	최선영	2020	비매품

	제목	저자	연도	가격
	스토리북 : 내 마음의 보물섬	한나라	2020	비매품
	스토리북 : 까만 가로등	정진	2020	비매품
	북한의 SDGs와 인권 연계 프로젝트	북한인권정보센터	2021	비매품
	The Human Rights Guide to DPRK's SDGs	북한인권정보센터	2021	비매품
	Democratic People's Republic of Korea 2021 Progress Report on the Implementation of the Sustainable Development Goals	Chad Miller Hanna Song	2021	비매품
	Prisoners In Military Uniform : Human Rights In The North Korean Military	김인성, 안현민, 송한나, 이승주	2022	20,000원 $20
	The North Korean Conundrum: Balancing Human Rights and Nuclear Security 북한의 난제: 인권과 핵안보의 균형	로버트 킹, 신기욱 편집 북한인권정보센터 옮김	2022	30,000원

(사)북한인권정보센터

	파놉티콘 사회 속 감시자들: 북한 비사회주의 그루빠 인권침해 실태 및 가해 메커니즘을 중심으로	서보배, 성민주, 양수영	2023	비매품
	North Korea's 'Non-Socialist Group': Inspections, Crackdowns and Human Rights Violations in a Panoptic Society	Bobae Su, Minju Sung, Suyoung Yang	2023	비매품
	닫힌 문 너머: 보위부와 안전부의 명령체계 중심으로	양수영, 성민주, 송한나	2023	15,000원
	Behind Closed Doors: Mapping the System of Command in the Ministry of State Security & Social Security	Suyoung Yang, Minju Sung, Hanna Song	2023	$12

(사)북한인권정보센터

안녕하십니까?

(사)북한인권정보센터는 북한의 인권 개선과 북한인권침해 과거사 청산을 주요 목표로 하고 있으며, 북한인권침해 실태조사, 북한인권기록보존소 운영을 통한 북한인권침해 기록 데이터베이스(DB) 구축 및 관리, 북한인권침해 구제 및 예방, 북한인권피해자 보호와 정착지원을 위해 2003년 설립됐습니다.

본 기관은 현재 진행중인 북한 주민의 인권 피해 개선을 위한 시민사회의 역할이행을 위해 연구를 진행하고, 자료를 발간하고 있습니다. 북한이탈주민 2만여 명의 증언을 종합 분석하여 구축한 북한인권통합DB를 바탕으로 북한인권 연구의 '객관성'을 확보하고, 이를 통해 북한인권 운동의 활동 기틀을 구축해나가고 있습니다. 또한 인권기반 활동의 핵심요소인 '참여 강화'를 위해 시민교육, 남북출신의 상호소통을 위한 장을 개발·제공하고 있습니다. 더 나아가 북한인권피해 경험자, 국군포로, 납북자, 비보호 북한이탈주민에 대한 심리상담·사회적 역량 강화를 지원하며 '진정한 통합'을 준비하고 있습니다.

북한 주민의 인권에 관심을 갖고 계신 분은 누구나 자동납부(CMS), 은행입금, 자원봉사, 인턴 등의 여러 방법으로 저희 기관에 도움을 주실 수 있습니다.
작성한 후원용지는 이메일 nkdbi@hanmail.net으로 보내주시거나 우편(서울시 종로구 경희궁길 14 신영빌딩 3층) 혹은 FAX 02-723-6046 으로 보내주시면 됩니다.

◉ 회 원 특 전

· (사)북한인권정보센터는 기획재정부장관이 지정한 공익성기부금 대상단체입니다. 후원금 및 기부금을 납부하신 분은 '법인세법 제24조'의 규정에 의해 지정 기부금으로 인정돼 연말 세금정산을 통한 소득공제 혜택을 받을 수 있습니다.
· 리포트, 단행본 등 기관의 발간 자료를 할인된 가격으로 받아보실 수 있습니다.
· 본 기관 주최 세미나 및 국제회의 등 각종 행사에 우선 초대합니다.
· 기관 내 교육에 참여하실 수 있습니다.

※ 정기적인 후원이 아닌 일시후원도 가능합니다.

▌일시후원계좌 안내 ▌

- 신한은행 140-010-048898
- 우리은행 109-652375-13-101
- 국민은행 343601-04-011423

예금주 : (사)북한인권정보센터

감사합니다. 통일을 준비하는 일에 소중히 쓰겠습니다.

Donating to NKDB

(사) 북한인권정보센터 후원회원 가입신청서

1. 후원자 정보 * 필수 항목

*성 명 _____

*생년월일(사업자등록번호) _____
국세청 간소화 희망시 주민등록번호 기입

이메일 _____

*휴대폰 _____

*우편물 받으실 곳 ☐ 우편거부
_____

*후원금액(매월)
일반   ☐1만원 ☐2만원 ☐3만원 ☐5만원 ☐10만원 ☐30만원 ☐기타 (   )원
법인 (기업) ☐3만원 ☐5만원 ☐10만원 ☐20만원 ☐50만원 ☐100만원 ☐기타 (   )만원
학생 (청소년) ☐1천원 ☐3천원 ☐5천원 ☐1만원 ☐2만원 ☐3만원 ☐기타 (   )원

2. CMS 신청   ☐ 정기   ☐ 일시

*출금은행 _____

*예금주 _____

*출금계좌 _____

*납부일   ☐5일 ☐10일 ☐15일 ☐20일 ☐25일

3. 직접 입금시

신한은행 140-010-048898   (사)북한인권정보센터(후원회)

본인은 상기 금액을 (사) 북한인권정보센터의 목적사업비나 운영비로 쓰임에 동의하여 후원회원 가입을 신청합니다.

20   년   월   일   (*서명 또는 인)

[개인정보 수집 및 이용 동의]
- 수집 및 이용목적 : 회원관리, 후원금 결제 및 후원회원 서비스 제공에 활용, 신규 서비스 개발 및 마케팅, 홍보에 활용
- 수집항목 : 성명, 전화번호, 휴대폰번호, E-mail, 자택주소, 금융기관명, 계좌번호
- 보유 및 이용기간 : 개인정보의 수집 및 이용목적이 달성되면 지체 없이 파기한다. 단, 기부금영수증 발행 등을 위하여 관계 법령에서 정한 일정한 기간 동안 개인정보와 후원금 결제정보를 보관한다(후원 중단 시부터 5년)
- 신청자는 개인정보 수집 및 이용을 거부할 권리가 있으며, 동의 거부에 따른 불이익은 없으나 회원 가입에 제한이 있을 수 있습니다.

동의함* ☐   동의안함 ☐

[개인정보 제3자 제공 동의]
- 제공 받는 자 : 금융결제원, (주)휴먼소프트웨어, 오즈메일러, 문자나라
- 개인정보 수집 항목 : 성명, 휴대폰 번호, 생년월일, 금융기관명, 출금은행명, 출금계좌, 주소, 후원금액 등을 제공한다.
- 수집 및 이용 목적 : 후원금 결제, 문자 및 이메일 발송, CMS 출금이체를 통한 요금 수납, 소식지 발송 등에 이용하기 위함이다.
- 보유 및 이용기간 : 개인 정보의 수집 및 이용목적이 달성되면 지체 없이 파기한다. 단, 기부금영수증 발행 등을 위하여 관계 법령에서 정한 일정한 기간 동안 개인정보와 후원금 결제정보를 보관한다. (후원 중단시부터 5년)
- 신청자는 개인정보 수집 및 이용을 거부할 권리가 있으며, 불이익은 없습니다. 다만, 권리행사시 출금이체 신청이 거부될 수 있습니다.

동의함* ☐   동의안함 ☐

[출금이체 동의여부 및 해지 사실 통지 안내]
은행 등 금융회사 및 금융결제원은 CMS 제도의 안정적 운영을 위하여 고객의 (은행 등 금융회사 및 이용기관 보유) 연락처 정보를 활용하여 문자메세지, 유선 등으로 고객의 출금이체 동의여부 및 해지사실을 통지할 수 있습니다.

동의함* ☐   동의안함 ☐

---

* 상기 금융거래정보의 제공 및 개인정보의 수집 및 이용, 제3자 제공에 동의하며 CMS 출금이체에 동의합니다.

20   년   월   일   (*서명 또는 인)

(사) 북한인권정보센터는 기획재정부 장관이 지정한 공익성기부금 대상단체입니다. 후원금 및 기부금을 납부하신 분은 '법인세법 제 24조'의 규정에 의하여 지정 기부금으로 인정되어 연말 세금정산을 통한 소득공제 혜택을 받을 수 있습니다.